KINZAI バリュー叢書

最近の不動産の話

吉田修平法律事務所 [著]

一般社団法人 金融財政事情研究会

■はじめに──不動産と私たちの暮らし

1　不動産ってなんだろう？（不動産の意義）

　不動産とは、法律では「土地及びその定着物」と定義されています（民法86条1項）。要するに、土地と建物のことだと理解してください。

　土地と建物を不動産というのですが、不動産は、私たち人間の生活に密着しています。というよりも、人間のすべての生活は不動産の上でなされているといっても過言ではありません。それほど不動産は重要な資産であるということになります。

2　不動産はなんで重要なの？（不動産と生活）

　私たち人間の生活を一言でいえば「衣食住」と整理されると思いますが、不動産は、そのうちの「住」を担っている財産ということになります。したがって、人間にとって必要不可欠であるという意味で重要であるとともに、相対的に他の財産（洋服や自動車など）と比べると高額な財産ということになると思います。

　不動産のうちの土地ですが、人間のすべての活動の拠点となるものです。後述の建物の敷地となるばかりではなく、昔から人間は土地の上で田んぼや畑を耕すことにより米や麦などの収穫を得てきました。すなわち、命のもととなる食料を確保してきたのです。

　現在でも、スポーツをする場所として運動場がありますが、

そこで人間は体を動かすことにより身体の健康を保っています。緑豊かな公園があれば、そこを散歩することでどれだけ心が癒されるでしょう。

また、建物については、人間のすべての生活の場といえると思います。

人は、建物のなかで寝たり食べたり働いたりしています。建物のなかには、人が居住するために使う住宅もあれば、そこで働くための会社や工場もありますし、つくられた製品を保管する倉庫もあれば、つくられた商品を販売する店舗もあります。さらに、建物内で学校や病院を経営し、あるいは神社仏閣も建物において営まれているのです。

このように考えると、当然のことながら、人間は土地や建物なしでは生きていくことはできません。生活や暮らしのすべてが不動産にあるとは、そういう意味だと思います。

さらに、不動産は財産的価値も高いために、投資の対象ともなります。バブルの頃に行われた「土地転がし」という言葉もありましたが、これは土地を買って転売するときに差額（利益）を稼ぐという意味です。また、「地上げ屋」という言葉もありました。古い建物が建っている土地を購入して、その建物を取り払い更地として転売することにより、利益をあげる人のうち、そのやり方が過激で、大きな利益をあげるためには手段を選ばない人が「地上げ屋」と呼ばれ、非難を浴びることがありました。「土地転がし」や「地上げ屋」という言葉は、決してよい印象をもつ言葉ではありません。しかし、首都圏でも直

下型地震の危険性が指摘されている昨今、老朽化した木造住宅の密集地帯で大きな災害の発生する危険性なども指摘されています。そのような場所を再開発し、新しい、大きな、耐震性の優れた建物に建て替えていくということ自体は、方法が違法だったり、過激であったりしない場合は決して非難されることではないと思います。土地は、このように、投資の対象としての価値も有しています。

そして、最近の世界経済のグローバル化ということを考えれば、不動産という「商品」は、決して地域に限定したローカルな商品ではなく、国際的な商品といってもよい地位を獲得しつつあると思います。つまり、外国の投資家が、日本国内の不動産に投資をしてくるということです。

また、不動産には、その財産的価値に着目して、担保を設定することも可能です。たとえば、自宅を購入するときに銀行からお金を借りて（住宅ローン）、そのために自宅に抵当権を設定する場合などのことです。

会社経営をする場合には、会社の所有している土地や建物などの資産に担保を設定することにより銀行から借入れを起こし、それにより会社の運転資金や設備投資の資金、あるいは他の会社を買収する資金などを捻出することも可能になります。

このように、不動産は重要かつ高額な財産であり、われわれ人間の生活のなかで必要不可欠な機能を発揮するものといえると思います。

このような不動産について勉強していこうというのが本書の

ねらいです。

3　不動産については、どんな法律があるの？（不動産と法律）

　まず、民法では、不動産の定義がされているほか、所有権や抵当権などの規定がありますし、そのような不動産についての契約として売買契約や賃貸借契約が規定されています。

　次に、借地借家法という法律がありますが、建物を所有する目的のために行う土地の賃貸借契約（および地上権）についてのさまざまな規定や、建物の賃貸借についての規定がなされています。借地借家法では、借地上に建物を所有している人（借地人）や、建物の賃借人（借家人）の保護が図られています。

　また、区分所有法という法律があります。これは、マンションを複数の人たちが共同して所有する関係についての規律がなされているものです。

　さらに、不動産登記法という法律があります。ここでは、ある人が不動産を所有していることを他の人たちに知らしめるために（これを「公示」といいます）、不動産の登記を行うことなどについてのルールが書かれています。

　以上の法律以外についても、不動産については、固定資産税、不動産取得税、譲渡所得税や、登記をする際の登録免許税などの税金に関する法律なども存在していますし、他の法律のなかでも、不動産に触れられている部分があります（たとえば、国土利用計画法、都市計画法、建築基準法、宅地造成等規制法、宅地建物取引業法等です）。

4 この本で書きたいこと（本書のねらい）

重要かつ高価な財産である不動産について、意外にわかっているようでわからないというのが多くの人々の率直な感想だと思います。

その理由は、いままで述べてきたように、大変重要な役割をもつ高価な資産である不動産について、多くの法律が制定され、それぞれが独立に存在しているため、どうしても不動産に関する法律上の規律の内容がよく理解できないところにあると思います。

吉田修平法律事務所は、不動産に関する法律問題を最も得意分野とし、これまでに多くの本を書き、また、数多くの具体的な案件を解決してきていますので、このような不動産に関する法律問題や、不動産にまつわるさまざまなトラブルやその解決方法などについて、一般の方々にわかりやすく解説をしたいと考え、本書を執筆するに至りました。

本書では、不動産の売買や賃貸借の取引に関連する問題や、震災後の賃貸借のトラブルについてやさしく解説し、また、それ以外の税金の問題等についてもできる限り理解しやすい方法で整理をしてみました。

特に、代表弁護士の吉田が立法に携わった定期借家権・終身借家権および経営承継円滑化法や、参考契約の策定にかかわったサービス付き高齢者向け住宅や、現在、研究に携わっているマンションの建替えの問題については、十分な解説を試みているつもりです。

また、最終章に、本書のまとめとして、各章のサマリーや、本書で触れられなかった別の問題点についても記載しました。本書の利用の仕方として、最初にこの「まとめ」を読んでいただき、ご自分の考えておられる問題点や問題意識と合致する部分を読んでいただくという方法もありうると思いますので、どうぞ活用してください。

　本書を読んでいただければ、不動産に関する現在の法律上の問題点がほとんど理解できると考えていますが、その試みが成功していれば幸いです。

　最後に、本書を執筆するにあたり、こまやかなお心配りとご尽力をいただいた、一般社団法人金融財政事情研究会出版部のみなさんに心より感謝を申し上げます。

平成25年7月

弁護士
吉田　修平

■著者略歴■

吉田修平法律事務所代表
吉田　修平（よしだ・しゅうへい）

昭和27年6月生まれ。
昭和52年3月早稲田大学法学部卒業。昭和57年4月弁護士登録、第一東京弁護士会入会。
昭和61年4月吉田法律事務所開設。
平成19年12月政策研究大学院大学客員教授。
平成6年4月東京家庭裁判所調停委員。

[所属・活動]
第一東京弁護士会、公益社団法人日本不動産学会、社団法人都市住宅学会、資産評価政策学会（理事）、日本相続学会（副会長）、法と経済学会、NPO法人首都圏定期借地借家権推進機構（副理事長）、NPO法人会計参与支援センター（監事）、ビジネス会計人クラブ（監事）、都市的土地利用研究会。

[主な著書]
『不動産相続の法律実務』（学陽書房／平成25年）、『実務解説　借地借家法［改訂版］』（共著／青林書院／平成25年）、『事例研究民事法　第2版』（共著／日本評論社／平成25年）、『不動産賃貸借の課題と展望』（共著／商事法務／平成24年）、『Q&A震災と建物賃貸借』『Q&Aサービス付き高齢者向け住宅のすべて』（ともに吉田修平法律事務所編著／金融財政事情研究会／平成23年）、『不動産取引相談ハンドブック』（金融財政事情研究会／平成23年）、『実務解説　借地借家法』（共著／青林書院／平成20年）、『中間省略登記の代替手段と不動産取引』（共同編集／住宅新報社／平成19年）、『実務注釈定期借家法』（共同編集／信山社／平成12年）。他に共著、共同編集、論説など多数。

弁護士
友田　順（ともだ・じゅん）

第一東京弁護士会所属、吉田修平法律事務所勤務。都市的土地利用研究会、公益社団法人日本不動産学会、日本相続学会所属。NPO法人首都圏定期借地借家権推進機構特別賛助会員。

[主な著書]
『不動産相続の法律実務』（学陽書房／平成25年）、『Q&A震災と建物賃貸借』『Q&Aサービス付き高齢者向け住宅のすべて』（ともに吉田修平法律事務所編著／金融財政事情研究会／平成23年）、『不動産取引相談ハンドブック』（金融財政事情研究会／平成23年）等。

弁護士
沼井　英明（ぬまい・ひであき）

第一東京弁護士会所属、吉田修平法律事務所勤務。都市的土地利用研究会、公益社団法人日本不動産学会、日本相続学会所属。NPO法人首都圏定期借地借家権推進機構運営委員。

[主な著書]
『不動産相続の法律実務』（学陽書房／平成25年）、『Q&A震災と建物賃貸借』『Q&Aサービス付き高齢者向け住宅のすべて』（ともに吉田修平法律事務所編著／金融財政事情研究会／平成23年）、『不動産取引相談ハンドブック』（金融財政事情研究会／平成23年）等。

弁護士
鈴木　崇裕（すずき・たかひろ）

平成24年弁護士登録（第一東京弁護士会）、吉田修平法律事務所勤務。日本相続学会所属、全国倒産処理弁護士ネットワーク会員。

目　次

第1章
あなたの家もサブリース

1　サブリースってなんだ？ ……………………………………………2
2　「賃料を減額しないなら契約解約だ!?」 ……………………………8
　◆コラム　「解除」と「解約」はどう違うの？ ……………………14
3　安心して戦争に行くための法律!? …………………………………16
4　賃貸人は「強」者？ …………………………………………………20
5　不動産業者、金融機関からみたサブリース ………………………23

第2章
日本の将来の住宅を支える住宅、それが「サ高住」

1　最近話題の「高齢者に優しい住まい」って何!? ………………28
　(1)　本章でお話しすること ……………………………………………29
　(2)　国からのお墨付き …………………………………………………30
　(3)　なぜ、「サ高住」が創設されたの？ ………………………………31
　(4)　サービス付き高齢者向け住宅 ……………………………………32
　(5)　だれでも入居できるの？ …………………………………………33
　(6)　どんな設備を備えた住宅なの？ …………………………………34
　(7)　なんで安定して居住できるの？
　　　──「サ高住」と終身建物賃貸借契約 …………………………37

- (8) どんなサービスを受けられるの？················44
- (9) 「サ高住」への入居はお高いんでしょう？············47

2 事業者にも優しい「サ高住」·····················50
- (1) 予算面からのバックアップ··················50
- (2) 税制面からのバックアップ··················51
- (3) 融資面でのバックアップ···················52

3 金融機関にとってのサ高住──融資のポイント·········54
- (1) 融資のお願いの相談が来たら················54
- (2) 大切な着眼点──まずはここを凝視·············57
- (3) 個別的な検討要素──具体的に何を検討したらいいの？····58
- (4) 地主Gさんの場合······················65

4 日本の将来の住宅を支える存在··················67

第3章
会社を後継者に承継させる──事業承継

1 とある企業の事業承継·······················70
2 自社株を後継者へ·························73
3 後継者以外の相続人は、1年以内にアクション··········77
4 遺留分が事業承継の障害に？····················83
5 「ケイエイ・ショウケイ・エンカツカ・ホウ」って何？····85
6 事業承継の際、不動産について特に考慮すべきことは····88

第 4 章

期間を過ぎたのに借家を返さなくてもいいの？

1 期間が過ぎても返さなくていい借家 ……………………………… 92
(1) 期間が満了したのに部屋を返さなくていいの？ ………………… 92
(2) Ａ君対大家Ｄさんの戦い（続編）……………………………… 102
(3) とても保護されている借家人 ………………………………… 107
2 期間が過ぎたら返さなければいけない借家 …………………… 109
(1) 期間満了で部屋が返ってくる借家契約？ ……………………… 110
(2) 定期借家契約ってなんだ？ …………………………………… 111
(3) 事前説明文書の「作成→交付→説明」義務とはなんぞや … 112
(4) Ｄさんへの回答 ………………………………………………… 114

第 5 章

貸した土地が戻ってこない!?

1 いったん貸したら戻ってこない借地 …………………………… 116
(1) ２種類の土地賃貸借契約――強い場合と弱い場合 …………… 118
(2) 「建物所有目的」の借地契約の存続期間とは？ ……………… 120
(3) 正当な事由の再登場と「法定更新」 ………………………… 128
(4) Ｂ君の回答 ……………………………………………………… 130
〈ちょっと考えてみよう！　その１〉 …………………………… 131

〈ちょっと考えてみよう！　その2〉

　借地権の資産的価値と立退料額の関係について考察する ……… 132

2　キチンと戻ってくる借地 …… 134

(1)　**定期借地契約とはなんだろう？** …… 135

(2)　**定期借地権のメリット** …… 136

(3)　**定期借地権のメニュー** …… 137

(4)　**Aさんへの回答** …… 141

〈ちょっと考えてみよう！　その3〉

　定期借地権と所有権 …… 143

第6章

賃貸借建物と震災

1　震災からしばらくして …… 148

(1)　**賃貸人からの相談** …… 148

(2)　**賃借人からの相談** …… 156

2　震災に乗じたトラブル …… 162

3　震災に備える …… 165

(1)　**耐震構造の開示請求ができるか** …… 165

(2)　**耐震診断の実施請求ができるか** …… 166

(3)　**液状化対策はできているか** …… 167

第7章 マンションを買っていいの!?

1 劣化するマンション ... 170
2 建替えは苦難の道のり……「5分の4の壁」 ... 172
3 建替えは金持ちだけの手段!? ... 175
4 改革の始まりは阪神淡路大震災 ... 181
5 どうして取壊しできない!? ... 184
6 世界は「建替え」していない!? ... 188

第8章 固定資産税

1 固定資産税っていったい何？ ... 196
 (1) 不動産にまつわる税金たち ... 196
 (2) 固定資産税とは何か ... 198
2 固定資産税評価額の算出方法を知る ... 203
 (1) 法律の規定と解釈──「適正な時価」の意義 ... 203
 (2) 不動産の価値を評価する手法 ... 205
3 固定資産税評価額にモノ申す！ ... 209
 (1) 不服申立ての手段 ... 209
 (2) 国家賠償請求訴訟は簡単ではない ... 213
4 より適切な固定資産評価に向けて ... 215

(1) 固定資産評価基準の問題点
　　――建物固定資産評価基準に対する考察 215
(2) より適切な固定資産評価を目指す 220

第9章 まとめ

1　第1章　サブリースについて 224
2　第2章　高齢者住宅について 226
3　第3章　事業承継について 229
4　第4章　借家権について 231
5　第5章　借地権について 233
6　第6章　賃貸借建物と震災について 235
7　第7章　マンション（区分所有建物）について 236
8　第8章　固定資産税について 239
9　その他の問題について 241

あなたの家もサブリース

1 サブリースってなんだ？

　サブリースという言葉は、不動産業者や法律家でないと日常生活では耳にしない言葉かもしれません。ただ、サブリースは、現在では一般的に行われています。一般市民にとっても関係が深い言葉であり、仕組みをキチンと理解していないと、騙されたり大損することもありえるのです。

　さて、「サブリース（sublease）」という言葉は、文字どおり理解すると「又貸し」「転貸借」という意味です。

　「sub」というのは、「下」「下位」「副」という意味を表す言葉です。たとえば、「サブプライムローン問題」というのは、優良度が一段「下がる」（subprime）借り手に対する貸付（loan）という意味です。他方、「lease」というのは、賃貸借契約という意味です。よく、「リース物件」という看板が出ていますよね。

　ただ、わが国でサブリースという場合、単に一室の又貸しを意味する場合は普通ありません。わが国でサブリースというと、一般には建物の「一括借上げ」という意味で用いられることがほとんどです。

　「一括借上げ」、少し聞きなれない言葉ですね。事例で説明しましょう。

　ここに、戸数を50戸とする居住用マンションがあったとしま

す。マンションをつくったのは、この土地を所有するAです。Aがマンションを建築するに至ったのは、次のような事情に基づくものでした。

　Aは、すでに定年で仕事を退職していて、年金で暮らしていたのですが、相続した土地（更地）があまっていたので、なんとか有効活用したいと考えていました。Aは、銀行でお金を借りてマンションを建て、その賃料収入で生活していこうか、とも考えたのですが、自分で借主を探すノウハウはないし、いざ借主が見つかっても多数の居室についての管理がめんどうそうなので、何かうまい方法はないかと困っていました。

　ある日、Aが、ある大手不動産会社Bのホームページをインターネットでみていたところ、地主が建物の建築資金を出せば、マンション完成後、B社が全居室を一括で借り上げて、しかも賃料は一定額を保証してくれる、という宣伝を見つけました。

　Aは、宣伝のなかにあった「10年間は賃料を固定します！」「めんどうな管理はすべて弊社が行います」という文句のほか、特に「30年一括借上げの収益保証システム！」という謳い文句にひかれました。

　30年も大手不動産会社が一括で全居室を借り上げてくれるなら、自分は安心してセカンドライフを満喫できる。Aは、いい話を見つけたと喜んで、この大手不動産会社に電話を入れました。AとB社は契約書を締結し、1年後、無事マンションは完成しました。

Aは、B社との間で全居室についての賃貸借契約を締結しました。他方、B社は、宣伝を出して借主を募集したうえ、このマンションを利用したいと考えるC、D、Eら50人と賃貸借契約を締結して、Cらは居住を始めました。

　AとB社との契約では、マンションの空室状況にかかわらず、B社はAに対して管理報酬を差し引いたCらの賃料の8～9割の固定賃料を支払う旨の条項が入っていました。

　この条項により、Cらの居住が開始して以来、Aに対し、B社から契約したとおり毎月保証された賃料の振込みがありました。Aは、「これで建築資金のために組んだローンも問題なく返せる。B社さんには、感謝しなきゃ」と、とても満足していました。

　さて、Aが期待どおりの賃料収入を今後も得られるかどうかは後ほどあらためて検討するとして、上の例では、法律的には「A→B社→Cら」と、順次、賃貸借が行われたことになります。

　つまり、B社は全居室をAから借り上げていますから、ここで、居室について1つ目の賃貸借契約があることになります。そして、B社は、居室を自ら使用せずに、さらにCらに貸しているので、居室について2つ目の賃貸借契約があることになります（もっとも、2つ目の賃貸借契約はCら50人それぞれと締結されています）。

　このように、B社がある建物の全居室を一括でAから借り上げることを「マスターリース」、B社が各居室について居住希

望者と多数の賃貸借契約を締結することを、「サブリース」と一般的に呼びます。また、一般には、B社のことを「マスタレッシー」とか「サブレッサー」、Cらのことを「エンドテナント」と呼びます（図表1－1）。

サブリースの場合、一般的にはAとCらの中間に入るB社（サブリース業者）が「家賃保証」「滞納保証」をしています。「家賃保証」というのは、仮にCらの一部（または全部）が退去してしまい、B社が賃料収入を得られなくなった場合であったとしても、B社はAに対して当初約束したとおりの賃料を払う、という仕組みをいいます。また、「滞納保証」というのは、仮にCらがB社に対する賃料を滞納したり、あるいはCらがB

図表1－1　サブリースの仕組み

第1章　あなたの家もサブリース

社に対して賃料をまったく払わなくなったとしても、B社はAに対して当初約束したとおりの賃料を払う、という仕組みをいいます。

オーナーであるAからすると、自分で家賃の管理をする手間がなく、しかも一定額の収入をB社が保証してくれる点で、サブリースは精神的にも経済的にも魅力的な仕組みです。また、Cらと直接契約をするのはB社ですから、Aはテナントからのクレームやトラブルに対応する必要がありません。

また、ユーザーのCらとしても、賃貸業を専門としているB社に貸してもらったほうがいろいろと安心ですし、サービスも充実していることが多いと思います。もちろん、B社も賃料の差額を取得し、管理費用などの経費を支出し、さらに利益を得ることができます。

このようなメリットから、わが国ではサブリースがかなり流行しています。

他方、サブリースにはデメリットもあります。デメリットとしては、たとえば、B社が倒産した場合、家賃保証や滞納保証の約束は守られなくなる点があげられます。Aの生活設計・ライフプランが、B社の経営状況に左右されてしまうのです。

また、デメリットとして、AがB社から賃料減額請求を受ける可能性がある点があげられます。賃料減額請求というのは、「近くの物件と比べたりいまの経済情勢を考えると、ここの家賃は高すぎると思う。だから家賃を減らしてください」という要求のことです。後ほど説明しますが、普通借家契約を用いる

場合、サブリース業者からオーナーに対する賃料減額請求権は合意によって排除できません。オーナーは、サブリース業者から賃料減額請求を受ける危険性を、潜在的には契約当初から抱えていることになります（AとB社との間の契約を定期借家契約とする場合は、特約で賃料減額請求権を排除できるので、排除する旨の特約をつければ、このようなリスクはありません）。

　さて、サブリースについてのイメージはできたでしょうか。読者の方のなかには、「うちのマンションも、直接の貸主は大手のM不動産リースだ。じゃあ、俺が借りている部屋もサブリース物件だな」と感じた方は多いかと思います。サブリースは、国民それぞれにとって身近な問題なのです。

2 「賃料を減額しないなら契約解約だ!?」

 「週刊金融財政事情」(金融財政事情研究会)という雑誌の平成24年8月13日号に、あるサブリース業者の行動が記事として載りました。どういった問題なのでしょうか。

 先に紹介したAとB社のケースを例にとり、サブリースがもつ問題点・危険性について、掘り下げて考えていきましょう(ここでは、サブリース業者をL社とします。なお、下記の事例における賃料額等は説明の便宜のためのもので、「金融財政事情」で紹介されたL社における具体的契約内容とは異なります)。

 Aは、保証された月々90万円の賃料収入をL社から受け取り、そのうち40万円をローンの返済に、残りの50万円は貯蓄と生活費に充て、家族と一緒に安定した生活を送っていました。

 ところが、契約後10年したある日、Aのもとに、L社から突然「弊社からAに支払う賃料を、今後はこれまでの3分の2に当たる60万円に減額させてもらいます。もしこれを拒絶する場合、契約を解約せざるをえません」という通知書が届きました。

 Aは、びっくりしてL社の担当者に電話をしましたが、L社は「減額します。応じないなら、解約します」の一点張りで、Aは「解約されるよりは」としぶしぶ減額に応じました。減額に応じたため、Aにはローンの返済額が重くのしかかることに

なりました。Aは、「30年一括借上げ、収益保証という言葉を信じて契約したのに、一方的に賃料減額を強いられることがわかっていれば、こんな契約は初めからしなかった」と、悔しい思いでいっぱいになりました。

　さて、このようなL社の対応は法律的に許されるのでしょうか。
　まず、借り手（賃借人）であるL社は、一方的に賃料を減額しようとしています。この法律的な根拠はなんなのでしょうか。
　本来、「契約は守らなければならない」というのが法律の基本的な考え方ですから、契約を締結した後で、一方の意思のみで勝手に契約内容を変えることは認められません。
　法律的に、借り手が賃料を減額するには、次に述べる二通りの方法があります。
　まず、1つ目の方法は、貸し手（A）と借り手（L社）が話し合って、双方が妥協した数字で合意をする場合です。重要なことは、この方法はあくまで話合いで決めるのですから、一方の言い分が100パーセント通るということはなく、お互いが納得した数字で合意がなされる、という点です。
　次に、2つ目の方法は、借り手が法律を使って、一方的に賃料を適正額に引き下げる方法です。
　法律では、隣の家賃と比べて自分の居室の家賃が高すぎたり、経済の変動にかんがみて家賃が高すぎるといった場合に、

借り手から貸し手に対して一方的に通知することで賃料額を引き下げる制度が定められています。これを賃料減額請求権といいます。

　もちろん、「5万円の賃料は高いから、1万円にしろ」と通知をしたからといって、直ちにそのとおり減額されるというわけではありません。法律が認めるのはあくまで適正額まで賃料を引き下げる制度ですから、適正額がいくらかが争いになれば、裁判などを経て、適正額がたとえば「4万円」とか「3万5000円」などと決定されるわけです。

　一般的な貸し手や借り手だけでなく、サブリース業者もまたこの条文を使って賃料の増減額を行うことができるのか、裁判で争いになったことがあります。

　昭和61年頃からのバブル経済を背景に、不動産業界では、サブリース業者の主導により収益保証型のサブリース契約がたくさん締結されました。地価が永遠に上昇し続けるという一種の集団的催眠状態に陥っていた時代ですから、サブリース業者も契約締結にあたって強気でした。だから、サブリース業者は、土地所有者との間で「○○年、収益は保証します」という内容の契約を締結したのです。

　ところが、平成4年頃にバブルがはじけ、地価が急落した結果、不動産会社の倒産が相次ぐなど、業界全体が大打撃を受けました。そのため、当然のことながら、サブリース業者の経営も悪化しました。

　このような背景のもとでサブリース業者が目をつけたのが、

借地借家法32条だったのです。

ここで疑問に感じるのは、サブリース業者はオーナーに対して一定の収益を保証している点です。収益を保証するスキームを自ら提案しておきながら、その後に経営が悪化したからといって法律を盾にオーナーとの約束を反故にするのは、一般人の感覚に反するような気もします。

ただ、この問題について、最高裁判所は、サブリース契約においても不動産業者はオーナーに対して「賃料を下げろ」と要求できるし、この要求は、あらかじめ契約で「不動産業者はオーナーに『賃料を下げろ』とはいいません」と定めていた場合であっても可能である、と明言しています。

さて、L社が「賃料を3分の2にしてください」と通知してきた際、貸し手（A）は、本音ではもちろん賃料減額に納得していません。ただ、解約されたら賃料収入が得られなくなってしまいますから、解約よりはマシ、と考えて、賃料減額に応じたのです。

ここで問題となるのは、「契約解約」という武器が、L社による交渉の手段として用いられていることです。そして、L社の交渉術が功を奏するのは、L社側の意向によって賃貸借契約を解約することが法律的に可能なように、あらかじめ仕組み（契約）がつくられているからです。

L社のようなサブリース業者との賃貸借契約書には、普通の賃貸借契約書と同様、「借り手は、○カ月前までに申し出るこ

とで、賃貸借契約を解約できる」という条項が入っていることが多いと思われます。そうすると、たとえば2カ月前とか、契約で定められた期間を置いて予告すれば、借り手（サブリース業者）は自由に賃貸借契約を解約できることになってしまいます。このような場合、L社からの解約申出には、一見、法律的な根拠があるわけです。

　また、サブリース業者との契約書の場合、「〇年ごとに実施する賃料に関する協議が調わない場合、契約が当然に終了する」と記載されていることもあるようです。

　サブリース案件ですから、現実に居室を使っているのはL社ではありません。そうだとすれば、L社が契約を解除した場合、Aと居室の利用者（C、D、Eら）との間で契約が残ると考えて、Aは別の管理会社と契約をすればよい、とお考えになる方もいるでしょう。

　しかし、そのような処理は、現実にはむずかしいのです。前出の「週刊金融財政事情」で紹介されていますが、このような場合、L社は、解約に際し、入居者C、D、Eらに対して近くにある別のL社物件を紹介するとのことです。ですから、L社がAとの契約を解約した場合、物件の返還時には入居者は別のL社物件に引越しずみであり、空室率100パーセントの状態で物件が返還されてしまうわけです。

　L社と入居者との間の契約について、契約当事者ではないAが口を出すことはできませんから、このような対応をされても、直ちにはAが文句をつけることはできません。

以上の次第で、L社は、法律的には根拠がある行動をとっていることになります。

　もちろん、ほとんどのサブリース会社は賃貸人と円満・良好な関係を築いていますし、法律や契約の文言を逆手にとるような方法はとりません。ただ、ここで紹介したL社は法律や賃借人の地位を濫用的に用いて賃貸人に対し不当と思われる交渉を行っています。L社のような濫用的な事例は、本来、長所・メリットを多く有するサブリースにおいて、法的知識が濫用された病理現象といえるでしょう。

　法律、特に借地借家関係の法律は、基本的に弱者保護を目的としてつくられたものです。そのような制度趣旨からしますと、強者である借り手（L社）が法律で保護され、弱者である貸し手（オーナー）が保護されない結果となるのは不合理に感じられると思います。

　調停や訴訟という個別的な対応も重要ですが、要するにオーナーが「話が違う！」と感じる点に問題があるのですから、より抜本的な対応として、サブリース物件を一つの投資商品ととらえたうえ、契約時において十分なリスク説明をする義務をサブリース業者に課すようにすべきでしょう。あるいは、民法や借地借家法などに、サブリースを想定した明確な規定を置くことも検討されるべきと思われます。

コラム

「解除」と「解約」はどう違うの？

「解除」と「解約」は、いったん有効に成立した契約の効力を消滅させる点では共通しています。異なるのは、「解除」が契約当時にさかのぼって契約の効力を消滅させるのに対し、「解約」は過去にはさかのぼらず、解約の時点から将来に向かって契約の効力を消滅させる点です。

たとえば、存続期間の定めがない賃貸借の場合（駐車場として土地を貸したが、特に期間を定めなかった場合など。なお、駐車場として土地を賃貸した場合、借地借家法の適用はありません）、特別な理由がなくとも、賃貸人・賃借人どちらかからの「解約」申入れにより、それから1年が経過した後に契約が終了します（民法617条1項）。このような解約申入れを、「告知」といいます。

これに対し、賃借人による債務不履行が存する場合には（相当の期間、賃料不払いが継続した場合など）、賃貸人は民法541条を根拠に賃貸借契約を「解除」できます。賃貸借契約の場合、「解除」と表現するものの、契約は将来に向かっ

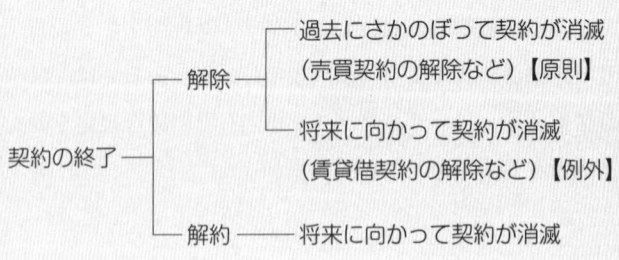

てのみ終了します（民法620条）。そこで、このような場面での「解除」を、過去に効果がさかのぼる一般的な「解除」と区別する意味で、特に「告知」と表現することがあります。

3　安心して戦争に行くための法律!?

　サブリースを想定した定めを置くべき、といいましたが、実は、わが国の民法・借地借家法では、特にサブリースを想定した条文はありません。ここで、少し借地とか借家に関する法律の定め方に目を向けてみましょう（借家法、および借地借家法に関する詳しい説明は、「第4章　期間を過ぎたのに借家を返さなくてもいいの?」に譲りますので、ここでは簡単な説明にとどめます）。

　いま、みなさんは「借地借家法」という法律に基づいて生活しています。みなさんがマンションの部屋を借りていて、大家とケンカになった場合、契約書にどのように書いてあるかにもよりますが、基本的には借地借家法に基づいて、もめ事を解決することになっています。

　借地借家法という法律は、大きく分けて借地パートと借家パートの2つからなっています。このうち、借家パートのもととなった法律が、「借家法」です。借家法は、大正10年に制定された大変古い法律ですが、昭和16年に非常にドラスティックな改正がなされたことがありました。それが「正当事由制度」の導入です。

　「正当事由制度」というのは、「そういう事情があるなら、大家が店子に出ていってほしいと思うのはたしかにもっともだ、

とだれもが感じる事情がない限り、店子を追い出せない」というルールのことで、この改正は現在の借地借家法にも引き継がれています。

だれもがもっともだと思う事情というのは、具体例を出すと、その建物が建築後100年経過していていまにも崩れそうだとか、居室を借りた後、事情が変わって借家人が特に居室を使わなくなった一方、大家側も事情が変わり、家族と一緒にその居室を使う必要性が出てきた、といった場合などです。

昭和16年の改正以前は、大家が借家人に退去してほしいと考えた場合に正当事由は要求されていませんでした。シンプルに、「契約で、○○年貸すと決めたね。この期間が明日で過ぎるから、出てってね」「わかりました」、これだけです。それ以上に、正当事由があるから退去を求めることができるとか、逆に正当事由がないから退去を求めることができないとか、そういったむずかしい処理はなされていませんでした。単純に、期間が経過したから出ていってもらう、そのようなルールしかなかったのです。つまり、いまでいう「定期借家権」しか存在しなかったのです(「定期借家権」については、第4章を参照してください)。

昭和16年の改正がなされる4年前(昭和12年)、日中戦争が起こり、軍需産業のために都市部に人口が集中し、その結果、家賃が高騰しました。工場で働く人が都市部に集中するので、労働者のための居住物件の需要が急増したのです。そうすると、貸し手側の大家が「家賃をいくら高くしても、借り手がつ

く」と考えたのも当然で、当時の賃貸借マーケットは著しい「貸し手市場」になってしまいました。

そのため、国は、昭和14年、「地代家賃統制令」を発令しました。

「ジダイ・ヤチン・トウセイレイ」というと言葉が硬いですが、要するに、「いま、戦争でとっても大変なときだから、地代や家賃の額は変えちゃいけないよ！国のためだから、お願いね！」と国が決めた、と考えてください。

昭和14年というのは、ドイツ軍がポーランドへの侵略を開始したことで第二次世界大戦が始まり、わが国でも一気に戦争モード、緊張が高まった年です。

翌年の昭和15年の１月には、調理用と医療用を除く暖房・電熱器、冷蔵庫（わが国でも、ガス冷蔵庫は戦前から存在していました）などが使用禁止になり、マッチの配給制がとられました。この頃からはやり出したのが、「ぜいたくは敵だ」という標語です。カタカナや英語は禁止になり、そのうちに砂糖も配給制になりました。

昭和16年に入ると、日本人の最も基本的な食事であるコメも配給制になり、同年12月には、東条英機内閣のもと、ハワイの真珠湾攻撃がなされ、わが国は太平洋戦争に突入していくことになります。

さて、借家法が改正されたのは、実はこのような歴史的背景と関係があります。

昭和16年当時、先ほど紹介した地代家賃統制令が制定されて

いたにもかかわらず、これを無視して家賃の法外な値上げや法外な一時金（権利金）を要求する悪徳家主が跳梁跋扈していました。このような悪徳家主を野放しにすると国民は安心して生活ができません。この頃の国民は、「衣・食・住」のすべてにおいて、大変な苦労を強いられていたわけです。

　このような事態に対応するため、国として、国民が安心して生活をできる仕組みをつくる必要がありました。これが、先ほど説明した、「たしかにもっともだなぁとだれもが考える理由がない限り、大家は店子を追い出せない」という正当事由制度です。

　戦争に行く者の立場に立って考えると、戦争から帰ってきたら住む家（借家）がなくなっていた、というのでは安心してお国のために戦えませんから、国が安心して国民を戦場に送り出すための建前として、このような制度はぜひとも必要でした。

　これらの事情から、借家法に戦時立法として正当事由制度が盛り込まれたのでした。以上のように歴史的背景を紐解きますと、借家法とは安心して戦争に行くためにつくられた法律である、といっても言い過ぎではないでしょう。

4 賃貸人は「強」者？

さて、以上の借家法（借地借家法）ですが、サブリースについては特に定めがありません。そこで、サブリースは、法律的にはA・B間とB・C間の2つの賃貸借契約があるという現象にすぎないことになります（「A→B→C」）。

先の例と事例を変えて、オーナーがA社という零細企業で、B社がある程度の規模のサブリース業者であったとします。B社は、C、D、Eという会社や個人を相手に、サブリース事業を営んできました。

B社を中心としたマンション経営が始まってから10年ほどが経過した頃、A社は、B社との信頼関係が失われたと感じたり、あるいは、「B社がいなくても、自社で経営できるな」と考えたとします。

そこで、A社は、中間に入っているB社を契約関係から外し、居住者（C、D、Eら）と直接に契約をしたいと考えたとしましょう。契約書に「違約金を払えば、貸し手（A社）からも借り手（B社）からも中途解約が可能である」という条項が入っていた場合、A社は、この契約条項を根拠にB社との賃貸借契約を解約できるでしょうか。

実は、このような事案は裁判にもなっているのですが、裁判所の立場は、基本的に「借り手がサブリース業者であったとし

ても、通常の場合と異なる考え方をとる必要はない」という態度です。

通常の事案、つまり、個人である大家が個人である店子にある居室を賃貸している場合ですと、大家が店子を追い出す場合、「そういう事情があるなら、大家が店子に出ていってほしいと考えるのも、もっともだ」という正当事由がなければなりません。

上記のような事案で、A社の弁護士は、「借り手は個人でなく、企業であるサブリース会社なのだから、借地借家法の正当事由制度で保護する必要はない」と主張したのですが、ある裁判所の判断で、借り手がサブリース業者であるとしても、解約に正当事由を必要としないとする理由がないと判断し、A社のB社に対する明渡請求を認められなかったものがあります。おそらくですが、裁判所のこのような判断は、オーナーが個人の場合であっても異ならないと思われます。

このような事案には、非常にむずかしい問題が含まれています。たしかに、借地借家法の正当事由制度は、先に述べたとおり、戦時立法として弱者保護のためにつくられたものです。戦時の混乱期に、法の網をかいくぐって法外な家賃や一時金を請求した悪質な貸し手が跳梁跋扈したからこそ、借家法は改正され、弱者である借家人を保護する制度に生まれ変わったわけです。

したがって、借り手（賃借人）が自ら居住する考えなどもともとなく、もっぱら転貸目的にすぎないサブリース業者である

場合には、一般的な場合と別異に考えるべきである、つまり、「借り手がサブリース会社の場合には借地借家法の保護を外す」という発想は、感情論としては理解できます。

　ただ、サブリース業者と一口にいってもさまざまな規模の会社が存在します。上記の裁判例の事案では、サブリース会社は有限会社であり、比較的小規模な会社であったようですが、大手のサブリース会社であれば、より保護に値しないのでしょうか。保護に値するとか値しないとかが事件ごとに裁判で問題になるとすれば、裁判所は混乱してしまいます。

　賃貸借の歴史は、奈良時代の荘園や、江戸時代の長屋にまでさかのぼります。ただ、賃貸借がこの世に登場して以来、つい最近までは、貸し手（賃貸人）が強者であり、借り手（賃借人）が弱者であるという図式が固定化していました。

　しかし、個人や零細企業である賃貸人（事例のA社）は、本当に強者といえるのでしょうか。サブリース問題については、このような現状をふまえた立法などによる解決が不可欠であるように思われます。

5 不動産業者、金融機関からみたサブリース

さて、ここで視点を変えて、不動産業者の立場からサブリースを考えてみましょう。

A→B社→CらというサブリースBを開始する場合、B社はどのような点に注意すればよいのでしょうか。

最も重要な点は、B社が、悪質な賃借人に対する対処法をあらかじめとっておくことです。

たとえば、B社がサブリース事業を開始したところ、C、D、Eは常識的な賃借人であり、特に問題が起きなかったとします。ところが、賃借人の一人のFが、夜中に大声で叫んだり、共用の廊下に大量の荷物を置きっぱなしにしたり、賃料滞納の常習犯であったとします。Fのせいで、C、D、Eが「このマンションには、おかしい人が一人いる。別のところに引っ越そう」と考え、退去が相次いだとします。

B社はどうすればいいでしょうか？

もちろん、Fが自主的に退去してくれるのがいちばんです。ただし、すでに説明しましたとおり、普通借家の場合、「正当事由」制度によって、賃借人は法律で強力に保護されています。Fが「ここは住み心地がいい。出ていかない」と考えていた場合、B社はFをその意に反して退去させることが、なかなかむずかしいことになります。

Fの賃料滞納が数カ月分に及ぶのならば、B社は契約違反を理由にFとの賃貸借契約を解除し、退去させればすみます。

　ところが、Fが、毎月、本来の支払日よりも数日遅れで賃料を払う賃借人であったらどうでしょうか。

　あるいは、賃料滞納が常習化しているものの、賃貸人との間の信頼関係が破壊されたとまではいえない賃借人であったらどうでしょうか。たとえば、賃料を前払いする旨が契約上定められている事案だとして、Fは、1月分の賃料を12月末に支払わないけれども、1月中旬に、1月分と2月分を合わせて払い、その後も、3月分の賃料を2月末に支払わないけれども、3月末には3月分と4月分を払う……といった行動を繰り返す賃借人であったとします。この場合、B社が裁判を起こしたとしても、Fとの契約解除が必ず認められるとは限りません。

　悪質な賃借人は、数多く存在します。そして、サブリースの場合、不動産業者がオーナーにかわって悪質な賃借人のリスクを負担することになります。

　悪質な賃借人が出てくることを見越し、B社としては、Cらとの賃貸借契約を締結する際は、定期借家にしておくべきです。

　細かい説明は第4章に譲りますが、定期借家というのは「期間が来れば必ず返してもらえる借家」のことです。「正当事由」は必要ありません。「いつまで貸すよ」と決めた日が来さえすれば、必ず貸家を返してもらえます。

　また、定期借家であれば、契約で決めておけば「賃料を下げ

ろ」という法律の制度（賃料減額請求権）を排除できます。つまり、不動産業者（B社）の立場からすると、賃借人から「事情が変わったから、賃料を下げてくれ」といわれるリスクをあらかじめ排除できるのです。

　サブリースの場合、中間に入る不動産業者にとっての最大のリスクはテナント（Cら）の属性です。実際に入るまでは、Cらがどのような人物かはわかりません。仮にモンスター賃借人であったとしても、B社の意向に応じて必要であれば退去してもらえるよう、また、「賃料を下げろ」といわれるリスクをあらかじめ排除しておく必要性から、B社の立場からすると、Cらとの契約は定期借家にしておくべきといえます。

　さて、視点をさらに変えて、金融機関の立場から、サブリースを考えてみましょう。

　土地を遊ばせているAが、ある金融機関に来て、融資を申し込んだとします。Aがいうには、B社にサブリース物件として貸す予定で建物を建築したい、そのための建築資金を融資してほしい、とのことです。

　金融機関は、はたして建築資金を融資してよいのでしょうか。それとも融資を控えるべきなのでしょうか。このような場面が、金融機関との関係でサブリースが問題となる典型的ケースとなります。

　これまで、一般的には、サブリース物件は安定的な賃料収入を得られると考えられてきました。そのため、金融機関の多く

はサブリース物件に対する融資であることを好意的にとらえる傾向があり、AがB社にサブリースで貸すことを融資の条件とする金融機関すらありました。

　ただ、前述のとおり、B社がその気になれば、Aに対して「賃料を下げろ」と請求することができます。そうすると、必ずしも安定的な賃料収入を得られるわけではなく、むしろ、将来の資産価値が不明確な物件という評価もありえます。

　金融機関からすると、B社の信用性（大手か否かなど）、AがB社と締結する予定の契約の類型（普通借家か、それとも定期借家か。賃料減額請求権が排除されているか、など）を入念にチェックしたうえで資産価値を判断し、Aへの融資の可否を決定する必要があります。

第2章

日本の将来の住宅を支える住宅、それが「サ高住」

1　最近話題の「高齢者に優しい住まい」って何!?

　平成25年3月某日、すでにリタイアをして年金生活を送っていたAさんが、深刻な顔をして、以下のような相談に来ました。本書の読者のみなさんは、Aさんから相談を受けたつもりになってください。

　ワシももう70歳となった。

　ワシは、58歳の妻（B）、95歳になる母（C）、40歳になる子（D）と一緒に生活をしているんじゃが、現在の自宅は大変古く、階段の勾配も急で、手すりもなく、日常生活がとても大変に感じるようになってなぁ。どこかいい施設にでも入りたいと思うんじゃよ。

　けれども、老人ホームは入居費用がとても高いし、何より、ワシの母（C）は95歳と高齢で、40歳になる子（D）も要介護認定を受けていて、一人で生活させるわけにはいかない。もちろん、ワシは、妻（B）を生涯の伴侶と考えていて深く愛しているから、絶対に離れたくない。

　なぁ、心の友よ。ワシと君とは、出会って1週間しか経っていないが、君の誠実そうな瞳を信頼して相談しておる。何かいい方法がないもんかのう。

本書をいま読んでいるあなたは、先日、将棋大会で親睦を深めたＡさんから、上記のような相談を受けました。

　本章では、このＡさんの切実な相談に応え、迷える高齢者の「お助けマン」になっていただきたいと思います。

(1) 本章でお話しすること

　みなさんは、「高齢化社会」という言葉を聞いたことがあると思います。ご承知のとおり、日本は超高齢社会といわれており、お年を召された方の人口の割合が世界的にみても格段に高いといわれています。

　国立社会保障・人口問題研究所が、平成25年3月27日に発表した「日本の地域別将来推計人口（平成25年3月推計）」によれば、2040年には、65歳以上人口、75歳以上人口は大都市圏と沖縄県で大幅に増加し、65歳以上人口が40パーセント以上を占める自治体が半数近くにのぼるとされます。

　本章では、超高齢社会を迎えた現状において、高齢者が豊かな人生を享受することができる「終の住み家」として最近話題の、「サービス付き高齢者向け住宅」についてお話ししたいと思います。国の発表によると、平成25年2月の時点で、サービス付き高齢者向け住宅は、10万925戸、3143棟にのぼっているとされています。

(2) 国からのお墨付き

　サービス付き高齢者向け住宅とは、一言でいうと、60歳以上の年齢の方に対してとても優しい住宅として国からお墨付きをもらうことができた住宅ということができます。

　詳しくは後から説明しますが、サービス付き高齢者向け住宅は、お年を召された方が快適に住むことができるような設備を備えているだけでなく、お年寄りの安否を確認したり、生活相談に乗ったりするサービスを提供してくれる専門の人が常駐する住宅で、しかも、勝手に部屋を替えられることもなく安心して過ごすことのできるものでなければなりません。

　高齢者の方の一人暮らしは非常に大変です。普通の暮らしのなかで何が起こるかわかりません。そのような場合に備えて、サービス付き高齢者向け住宅制度が、「高齢者の居住の安定確保に関する法律」（通称「高齢者住まい法」）によって定められました。

　つまり、サービス付き高齢者向け住宅とは、設備的にも、サービス的にも、高齢者の方が不自由なく、安定的に過ごすことのできる住宅として、法令が定める基準に適合するものと認められれば、「サービス付き高齢者向け住宅」として登録を受けることができ、しかも、その名称を使って事業を営むことができるわけです。要するに、高齢者に優しい住宅として国からお墨付きをもらった住宅が「サービス付き高齢者向け住宅」ということになります。

しかも、サービス付き高齢者向け住宅は、これまでの有料老人ホームで採用されていた「利用権方式」ではなく、「賃貸借契約」を採用することが望ましいものとされているため、居住がとても安定的であるといわれています。そのため、有料老人ホームよりも、高齢者の居住に資するということができます（この点についても後述します）。

　サービス付き高齢者向け住宅は、長い名前ですので、「さつき（サ付き）」や「サ高住」と略されることがあります。そこで、以下、「サ高住」と省略して呼ぶことがあります。

(3) なぜ、「サ高住」が創設されたの？

　「サ高住」は平成23年10月からスタートしました。そのため、生まれてまもない制度です。当然、従来の日本にも、高齢者向け住宅は存在しました。では、なぜ、「サ高住」が、近年創設されたのでしょうか。

　理由はいくつかあるのですが、その一つとして、要介護度の低い高齢者が、入居する必要があるとまではいえない特別養護老人ホームの申込者となっている現状がありました。つまり、要介護度は、介護保険制度上、5段階に分かれており、1段階、2段階が低い段階とされています（要介護認定の詳細は後述します）。他方で、特別養護老人ホームは、要介護度のより高い、4段階や5段階にある方の入居が想定されています。それにもかかわらず、要介護度1や2といった要介護度の低い高齢者までも、特別養護老人ホームに申込みをするため、本来入

居するべき方の入居が妨げられているという現状がありました。そこで、要介護度の段階に応じて、適切な施設に高齢者の方が入居できるようにと、「サ高住」が設けられる必要があったのです。

(4) サービス付き高齢者向け住宅

以上の説明で、あなたは、「サ高住」という高齢者に優しい住宅があることを知りました。そこで、あなたが「サ高住」を探してみたところ、Aさんの自宅のすぐ近くに、「E」という名称の「サ高住」があることを発見しました。あなたがAさんに「E」を教えてあげると、Aさんは次のように話しました。

ほう！ そんな住宅があるのかい!?

特に、「快適に住むことができるような設備」とは素晴らしいのう。どんな設備があるのかとっても興味がある。

ただ、ワシの妻（B）、母（C）、子（D）全員が入居できるか心配だ。

生涯の友よ！ ワシは、家族と一緒に「E」に入居できるのかね。教えてくれ！

あなたはどのように回答するべきでしょうか？

(5) だれでも入居できるの？

a 「高齢者」ってだれ？

「サ高住」に入居できる人は決まっています。「高齢者」でなければなりません。だれでも入居できるとなると、「サービス付き高齢者向け住宅」という国から補助金も出る制度の意味がなくなってしまうからです。

もっとも、「高齢者」といっても、やはりあいまいですよね。そこで、高齢者住まい法は、きちんと「高齢者」とはだれかを定義しています。

すなわち、「高齢者」とは、60歳以上の者または要介護・要支援認定を受けている者をいうことになります。

ですから、60歳以上の方、60歳未満であっても、要介護・要支援認定を受けている方であれば、「サ高住」に入居することができるということになります。

b 家族と同居できないの？

では、Aさんのご家族の場合はどうでしょうか？

まず、Aさんが入居することは可能です。それは、Aさんが60歳以上で「高齢者」に当たるからですね。Aさんは、Bさん、Cさん、Dさんと同居できるのでしょうか。みなさん、少し考えてみましょう。

結論からすると、Aさんは、全員と同居することができます。

高齢者住まい法は、きちんと、同居できる人についても定め

ています。

それによれば、「同居者」となることができる人は、配偶者、60歳以上の親族、要介護・要支援認定を受けている親族、特別な理由により同居させる必要があると知事が認める者とされています。

Bさんは、Aさんの妻ですから「配偶者」に当たります。Cさんは、Aさんの母で95歳ということですから、「60歳以上の親族」に当たります。Dさんは、40歳ですから「60歳以上の親族」に当たらないため、一見すると、同居できないように思えますが、要介護認定を受けているとのことですから、「要介護認定を受けている親族」ということができます。

サービス付き高齢者向け住宅というからには、だれでも入居できるというわけにはいきません。しかし、それであっても、できる限り、多くの人に同居してもらい、入居する「高齢者」とともに、幸せな生活を送ってもらうようにと考え、高齢者住まい法は、同居者の幅を広げているということができます。

(6) どんな設備を備えた住宅なの？

Aさんが、施設に入居したいと考えるようになったのは、現在の自宅が、「大変古く、階段の勾配も急で、手すりもなく、日常生活がとても大変に感じるようになった」からのようです。「サ高住」である「E」は、Aさんのこのような苦労を解消してくれるのでしょうか。

結論からいうと、「E」は、Aさんの現在の苦労を解消して

くれるでしょう。それは、「サ高住」を名乗るためには、高齢者住まい法が定める高齢者の方に優しい設備を備えていなければならず、「Ｅ」もそのような設備を備えていると認められたことから、「サ高住」を名乗ることができるようになったからです。「サ高住」の登録基準には、一定の設備を備えていることが求められるということです。

では、「サ高住」とされるには、どのような設備を備えていなければならないのでしょうか。ここでは、「サ高住」が法令上備えていなければならない設備について説明したいと思います。

a　一定の床面積を有していること

まず、各居住部分の床面積は、原則として25㎡以上でなければなりません。ただし、居間、食堂、台所その他の住宅の部分を高齢者が共同で利用するため十分な面積を有する場合には18㎡以上でもかまいません。要するに、狭すぎる部屋ではダメということです。

b　一定の居住環境が備わっていること

各居室部分に、台所、水洗便所、収納設備、洗面設備、浴室が備わっていることが必要です。ただし、共用部分に、共同して利用するため適切な台所、収納設備または浴室を備えることにより、各戸に備える場合と同等以上の居住環境が確保されている場合には、各戸に台所、収納設備または浴室を備えなくてもよいとされています。

要するに、部屋ごとに、トイレ、キッチン、収納スペース、

洗面所、バスルームがなければならないが、例外的に、共同のキッチンや収納スペース、共同風呂が備えられている場合には、それらの設置は不要ですよということです。

c バリアフリー構造であること

「サ高住」は、高齢者に優しい住宅です。そのため、当然、バリアフリーにも配慮されています。バリアフリーの基準は、大きく、住宅の専用部分に関するものと、共用部分に関するものに分けられます。

(a) **専用部分に関するもの**
・床は、原則として段差のない構造のものである必要があります。
・住戸内の階段についても、勾配が21分の22であり、蹴上げの寸法の2倍と踏面の寸法の和が550mm以上650mm以下であり、かつ、踏面の寸法が195mm以上であること、蹴込みが30mm以下であること等が求められます。
・手すりについては、階段、便所、浴室、玄関、脱衣所に設置する必要があります。
・部屋の配置についても、日常生活空間のうち、便所および寝室が同一階に配置されていることが求められます。

(b) **共用部分に関するもの**
・共用廊下の床が段差のない構造であることが原則として求められます。
・手すりが共用廊下の少なくとも片側に設けられていることが原則として求められます。

・共用の階段についても、踏面が240mm以上であり、かつ、蹴上げの寸法の2倍と踏面の寸法の和が550mm以上650mm以下であることや、手すりが少なくとも片側に設けられていること等が求められます。

d まとめ

上記でみたように、「サ高住」は、入居者が高齢者であることを考慮した設備を有しているということができます。「E」も、「サ高住」の登録を得ている以上、Aさんの不安を解消するものであることは間違いないといえるでしょう。

(7) なんで安定して居住できるの？
——「サ高住」と終身建物賃貸借契約

あなたはAさんに「E」がそのような設備を備えている住宅であることを教えてあげました。すると、Aさんは次のように話しました。

それはすごい！　ぜひとも、「E」をもっと知りたいものだ。

でものう、ワシは知っておるんじゃよ。ある施設では、ワシのような高齢者が入院しただけで一方的に契約を解約されたり、勝手に、部屋を変更させられたりしているようだ。ワシの友達のFがそのような目にあったと聞く。ワシは、そんな目にあいたくない。それに、借家住まいじゃと、いつかは出なきゃならないのではないか？　ワシは、

> 死ぬまでマッタリと暮らしたいんじゃ。
>   なぁ、戦友よ！　「E」で、ワシは落ち着いて生活できるのかのう？　教えてくれ！

　Aさんの心配はもっともだと思います。

　そこで、「サ高住」の特徴の一つである、「入居者が安定して居住することができる」という点について説明したいと思います。

　これは端的には、「権利」面でも、高齢者にとって非常に優しい住宅ということです。

　人がある住宅で生活する場合、必ずなんらかの権利に基づきます。自宅の場合は所有権、賃貸住宅の場合は賃借権、無償での使用の場合には使用借権などです。権利がなければ、それは不法占拠となります。「サ高住」は、この権利の面でも、高齢者を保護しています。

　そして、「サ高住」には、「終身建物賃貸借契約」という相性がピッタリの借家契約があるのです。

a　老人ホームの利用権方式との比較

　「サ高住」の特徴を理解するにあたって、従来の老人ホームを例にとって説明したいと思います。従来の老人ホームの多くは、入居者の権利について、いわゆる「利用権方式」を採用していました。利用権方式とは、入居者は、建物を利用できますが、それは単なる債権的な利用権にすぎないというものです。要するに、事業者の判断で、居室を一方的に移動させられた

り、入居者が入院した場合に入居契約を解約することが認められる方式です。そのため、入居者が安定してその居室で過ごすことができませんでした。Aさんの友人のFさんは、おそらく、このような老人ホームにおいて、一方的に居室を変更されるといった経験をしたのでしょう。

b 「サ高住」の場合

みなさん、考えてみてください。大家さんの判断でいまの部屋から他の部屋に突然移動させられれば、落ち着いて生活できるでしょうか。家財をいつでも移動できるように備えておかなければならず、とても不便です。

また、高齢者の方は、往々にして、病気になって入院することもあると思いますが、入院したら部屋に帰って利用できないとなれば、落ち着いて生活することができるでしょうか。できませんよね。

「サ高住」は、高齢者にとって優しい住宅ですから、そのような入居者を不安にさせるようなことはありません。

すなわち、「サ高住」の入居契約については、「サ高住」を提供する人が、入居者の病院への入院や入居者の心身の状況の変化を理由として居住部分を変更し、またはその契約を解約することができないものとしなければなりません。

たとえば、上記の事例でいうと、Aさんが「E」に入居した場合、病院に入院することとなったとき、「E」側が、Aさんとの入居契約を一方的に解約したり、あるいはAさんの居住部分を変更することができるとする契約であってはならないとい

うことです。

このように、権利という面でも、高齢者にとって優しい住宅であることは非常に重要です。なお、有料老人ホームでも「サ高住」の登録を受けることができますが、「サ高住」の登録を受けることができた有料老人ホームであれば、上記のように、病院に入院する場合に、一方的に解約をされたり、居住部分の変更を受けることはありません。

したがって、Aさんは、「E」において、上記のような目にあうことはありません。

c 終身建物賃貸借契約を知らない人は人生の半分を損している

「サ高住」と最も相性がよい契約は「終身建物賃貸借契約」です。ところが、大変遺憾なことに、世間では、「終身建物賃貸借契約」はほとんど知られていません。正直申し上げます。とってもMOTTAINAI（もったいない）。あまり知られていない「終身建物賃貸借契約」をいつ勉強するのですか!? いまでしょう！

ということで、「終身建物賃貸借契約」とは何か、そして、なぜ、「サ高住」と相性がよいのかについて説明していきたいと思います（図表2－1）。

(a) 大家さんと入居者双方にメリットのある借家契約

終身建物賃貸借契約は、民法や借地借家法に規定されているものではなく、高齢者住まい法に規定されている借家契約です。

終身建物賃貸借契約とは、借家人の死亡時に終了する借家契

図表2−1　ベストパートナー「サ高住」と「終身建物賃貸借契約」

約です。終身建物賃貸借契約に基づく入居者の借家権を「終身借家権」といいます。簡単にいうと、死亡するまではずっと家に住んでいてもかまわないという契約です。「借家契約」については、第4章で詳細に説明しますが、要するに、「建物を貸す」という契約ですが、わが国には、①普通借家契約、②定期借家契約、③終身建物賃貸借契約の3つがあります（普通借家契約と定期借家契約については、第4章をご確認ください）。終身建物賃貸借契約とは、わが国で最も新しい借家契約です。

終身借家権には、「死亡するまで」を存続期間とするという点と「相続権が排除されている」という点に特徴があります。入居者にとってみれば、死亡するまで建物を借り続けることが可能となりますから、安定した生活をすることができます（通常の借家契約のように2年とか、3年という期間がありませんし、

期間満了ということもないので、大家さんから期間満了の際に立退きを求められることもありません)。他方、大家さんからすると、「借家権」は相続されますが、終身借家権は、死亡すれば家を必ず返してもらえますから、その入居者以外の方が当該居室で生活することはなくなり、安心して、部屋を貸し出すことができます。このように、終身建物賃貸借契約(終身借家権)は、入居者と大家さんの双方に大きなメリットがあります。

(b) **終身建物賃貸借契約を利用するには**

終身建物賃貸借契約を利用して事業を営むには、都道府県知事の認可が必要となります。その際の認可基準というのは、実は、「サ高住」の登録基準とそっくりなんです。

認可基準としては、入居者の年齢制限や住宅が一定の構造を備えていること等が求められます。たとえば、入居者の年齢については、「高齢者(60歳以上)であること」が求められます。住宅の構造については、高齢者の身体機能に対応し、段差のない床、浴室等の手すり、幅の広い廊下等を備えたものであることが求められます。

(c) **ベストカップルは、終身建物賃貸借契約と「サ高住」**

「サ高住」の入居にあたっての契約の方法は、普通借家契約でも、定期借家契約でも、終身建物賃貸借契約でも、利用権方式でも、いずれでもかまいません。上記(b)で説明したように、「サ高住」の入居契約については、「サ高住」を提供する人が、入居者の病院への入院や入居者の心身の状況の変化を理由として居住部分を変更することや、またはその契約を解約すること

のいずれもができないものとされていればよいからです。

　しかし、「サ高住」と本当に相性がいいのは、終身建物賃貸借契約にほかなりません。だってそうではありませんか。

　終身建物賃貸借契約は「亡くなるまでの賃貸借契約」で、「サ高住」は「終の住み家」としてつくられた建物で、目的としているところは同じであるといえるからです。このように、「終の住み家」を目的とするものであるからこそ、「サ高住」が備えていなければならないとされる設備と、終身建物賃貸借契約を利用するにあたって必要な認可のために具備が求められる設備がほとんど同じとされているのです。だからこそ、「サ高住」と終身建物賃貸借契約とがベストカップルであるといえるわけです。

　(d) ま と め

　「サ高住」には、高齢者が生活しやすいような設備が備えられていることはすでに述べました。しかし、「設備」があるだけで、それを安心・安定して利用できなければ宝の持ち腐れです。

　高齢者が生活しやすい設備を、高齢者が死亡するまで利用し続けることができれば、それに勝る「安心・安定した利用」というものはないでしょう。

　「サ高住」と終身建物賃貸借契約をあわせることで、このような「安心・安定した利用」を実現できるのです。

　だからこういえるのです。「終身建物賃貸借契約を知らない人は、人生の半分を損している！」

Aさんは「死ぬまでゆっくり生活したい」といっていますね。「サ高住」を終身建物賃貸借契約で利用すれば、Aさんのご要望を満たすことができると思います。「E」がそのような「サ高住」であれば、さらによいですね。

(8) どんなサービスを受けられるの？

　Aさんに、一方的に部屋を変更させられたり、契約を解約されることはないことを教えてあげると、Aさんはさらに次のような質問をしました。

　「E」は設備だけでなく、権利という面でも、入居者を守ってくれているのか。素晴らしい！　しかも、聞くところによれば、「終身建物賃貸借契約」での入居が可能とのことだ。うほっ！
　ところで、さっき君は、「サ高住」について、「安否を確認したり、生活相談に乗ったりするサービスを提供してくれる専門の人が常駐する住宅」と説明したが、それはどういうことじゃ？　どういった人が、どういうサービスをワシにしてくれるのか教えてくれんか？

　「サ高住」の大きな特徴として、資格をもった者が日中常駐し、少なくとも、状況把握（安否確認）サービス、生活相談サービスを提供するという点があげられます。

a 状況把握（安否確認）サービスって何？

一定の資格者が、原則として、夜間を除き、サービス付き高齢者向け住宅の敷地または当該敷地に隣接する土地に存する建物に常駐し、状況把握サービスを提供することをいいます。少なくとも一定の資格者が常駐していない時間（夜間）においては、各居住部分に、入居者の心身の状況に関し必要に応じて通報する装置を設置して状況把握サービスを提供することが必要です。

具体的にいうと、日中に関しては、食事や外出等の機会を利用して、毎日少なくとも1回の本人の安否確認を行うことや、訪問し、または食事や外出等の機会を利用して、毎日少なくとも1回の声がけを行うこと等です。上記の事例でいえば、「E」の担当者がAさんの部屋を訪れて「Aさん、こんにちは！ 元気ですか！」と問いかけることが、状況把握ということになります。

夜間に関しては、夜間常駐していない時間には、各居住部分に緊急通報設備（たとえば、ナースコールのようなボタン式のものが想定されています）が設置されていて、通報があった場合には、できるだけすみやかに駆けつけること等です。

b 生活相談サービスって何？

生活相談サービスとは、たとえば、日常生活における入居者の心配事や悩み等（食事、健康、趣味、人間関係等）について相談することや、専門的な相談や助言のために、専門家や専門機関を紹介することがあげられます。

たとえば、上記の事例でＡさんが、「Ｅ」の担当者に、「自分のかわりに財産の管理をしてくれる人を紹介してくれますか？」と相談した場合、その担当者は、弁護士や税理士等を紹介してくれます。これが生活相談サービスです。

c　資格者ってだれ？

　状況把握サービスや生活相談サービスは、だれが行ってもよいというものではありません。Ａさんの財産管理に関する相談のように、Ａさんの財産の運命を左右する重大な相談もあるからです。

　また、状況把握サービスにおいても、いざというときに即応できなければなりません。

　そこで、状況把握サービスや生活相談サービスを行うことができる者は一定の資格をもった者でなければならないとされています。その資格とは、たとえば、社会福祉法人、医療法人、指定居宅サービス事業所等の職員または医師、看護師、介護福祉士、社会福祉士、介護支援専門員、ヘルパー２級以上の資格をいいます。

d　まとめ

　このように、「サ高住」は、専門家による状況把握サービス、生活相談サービスが必ず提供される住宅です。「サ高住」は、本当に高齢者にとって優しい、安心できる住宅といえると思います。

(9) 「サ高住」への入居はお高いんでしょう？

　このように高齢者が生活するにあたって「至れり尽くせり」な「サ高住」。みなさんはこのように思うのではないでしょうか。「でも、『サ高住』への入居はお高いんでしょう？」と。実際に、Aさんも次のようにいっています。

　唯一無二の友である君にだけ明かすが、実は、ワシは、リタイアする際にもらった退職金は預金しておきたいんじゃ。高額な入居費用は払いたくないんじゃよ。
　「E」は設備も、サービスも、権利面も素晴らしいけど、きっと入居費用は高いんじゃろうなぁ。

---

a　金銭の徴収に対する厳しい規制

　「サ高住」は、事業者に対して、金銭の徴収については非常に厳格な規制を行っています。そして、この点が、従来の老人ホームとの大きな違いといえます。

　「サ高住」の事業者が、入居者から徴収することができるお金は、①敷金、②家賃、③サービス利用料および④これらの前払いだけです。それ以外のお金、たとえば、更新料、礼金、権利金などは徴収してはいけません（ただし、管理費などの実費はかかります）。

　たとえば、賃料・サービス利用料を一括前払いするとなると、高額になるかもしれません。しかし、その費用さえ支払っ

てしまえば、原則として、追加で賃料・サービス利用料を徴収することはできません。状況把握サービス、生活相談サービスを受けることのできる住宅に、ずーっとお住まいいただくことが可能となります。その間、更新料などの支払を求められることはありません。

　高いととらえるか、安いととらえるかは各人の問題であると思いますが、老人ホーム等で多くのトラブルがみられた、いわゆる「入居一時金」といったお金については完全に否定されています。

b　前払金はしっかり返しなさい！

　従来の老人ホームでは、高額な入居一時金を支払わせたうえ、その返還をめぐって問題となることが多々ありました。たとえば、老人ホームに入居するにあたり、入居一時金として多額のお金を支払ったところ、入居して2カ月で退去するに至った場合、入居一時金の初期償却が非常に大きかったりする等の理由で返還されないことがありました。

　そこで、「サ高住」では、事業者の側に、前払金の算定の基礎や返還債務の金額の算定方法の明示、返還債務を負うこととなる場合に備えて、前払金に対して、必要な保全措置を義務づけました。

　たとえば、Aさんが入居するにあたり、数十年にわたって貯めたヘソクリで、家賃およびサービス料として30年分を一括で支払うという場合、「E」は、前払金の額の計算式を示して、「Aさんの前払家賃およびサービス料の30年分は〇〇円です」

ということを明示する必要があります。仮に、Aさんが10年目で退去するに至った場合には、「E」は残り20年分の家賃およびサービス料を返還しなければなりません。

c 高額な金銭は求められない

「サ高住」では、入居する際に提示された金額以上のお金を支払う必要はありません。前払金のときは、たしかに高額となることはありますが、それは、数十年分の家賃やサービス利用料を一括で支払うからであり、想定された期間よりも前に退去すれば、その残りの期間分の家賃やサービス料は戻ってきます。

しかも、後述するように、事業者が補助金を受けるためには、家賃額について一定の基準がありますし（入居者の家賃の額が、近傍同種の住宅の家賃の額と均衡を失しないように定められるものであること）、家賃等の徴収方法を前払いに限定することはできません。必ず、月払いによる方法も選択できるようにする必要があります。したがって、家賃を前払いだけとする事業者は少なく、家賃が高額となるケースは少ないものと思われます。

なお、「サ高住」の家賃額については、おおむね、月額5万円から10万円ぐらいというのが傾向のようです。

2 事業者にも優しい「サ高住」

　上記してきたように、「サ高住」は入居者（高齢者）にとって非常に優しい住宅ということができます。しかし、「サ高住」を提供する事業者にとっても、優しい制度といえます。それは、予算、税制、融資という面でバックアップが図られているからです。

(1) 予算面からのバックアップ

　国は、「サ高住」の供給促進のために、建設・改修費につき、民間事業者・医療法人・社会福祉法人・NPO等に直接補助を行うこととしました。この補助のために、平成24年度予算として約355億円が組まれました。平成23年度は325億円でしたから、約30億円も増額したということとなります。

　この補助では、上限を1戸当り100万円として、建築費の10分の1、改修費の3分の1相当額が拠出されることとなります。

　では、どのような場合であれば、この補助金を取得できるのでしょうか。

　「サ高住」として登録を受けることができる事業者であれば、原則として、補助金の拠出を受けることができるということになります。

要件の詳細は以下のとおりです。

① サービス付き高齢者向け住宅として登録された住宅であること
② サービス付き高齢者向け住宅として10年以上登録するものであること
③ 入居者の家賃の額が、近傍同種の住宅の家賃の額と均衡を失しないように定められるものであること
④ サービス付き高齢者向け住宅として登録する住戸が100戸以上となる大規模な事業については、事業地での需要予測に関する説明を行うことができるものであること
⑤ 入居者からの家賃等の徴収方法が、前払いによるものに限定されていないものであること
⑥ 入居者が次の(1)および(2)に該当する者であること
 (1) 60歳以上の者であること
 (2) 次の(i)または(ii)に掲げる要件のいずれかに該当する者であること
  (i) 同居する者がない者であること
  (ii) 同居する者が配偶者、60歳以上の親族または入居者が病気にかかっていること、その他特別の事情により当該入居者と同居させることが必要であると都道府県知事が認める者であること

(2) 税制面からのバックアップ

予算面だけでなく、新築であって、入居者と賃貸借契約を締

結する場合には、さらに税金でもとても優遇されます。

まず、所得税・法人税です。床面積が1戸当り25㎡以上で、戸数が10戸以上の事業者については、所得税・法人税の算定において、5年間、40パーセントもの割増償却（通常の償却の1.4倍）を受けることができます。

次に、固定資産税です。床面積が1戸当り30㎡以上で、戸数が5戸以上の事業者については、固定資産税が5年間、税額の3分の2相当額の軽減がなされます。たとえば、5年間の固定資産税が227万円の場合において、「サ高住」による固定資産税の優遇措置を受けると、151万円も減額となり、納付すべき額は76万円になるということです。

さらに、不動産取得税についても優遇措置があります。床面積が1戸当り30㎡以上で、5戸以上の戸数を有する事業者は、家屋につき標準課税から1戸当り1200万円の控除がなされ、土地につき、家屋の床面積の2倍に当たる土地面積相当分の価額等の減額がなされます。

このように、税制面でも、事業者に対して、非常に大きな優遇措置がなされており、これを見逃す手はありません。

(3) 融資面でのバックアップ

次に、融資面でも事業者はバックアップを受けることができます。

すなわち、①「サ高住」としての登録を受ける賃貸住宅の建設に必要な資金、②当該賃貸住宅に係る改良に必要な資金、③

または当該賃貸住宅とすることを目的とする中古住宅の購入に必要な資金を貸し付けるというものです。

この融資によって、補助金だけでは「サ高住」の建設、改良等ができない事業者も、「サ高住」事業への参入が容易になっているといえます。

3 金融機関にとってのサ高住
——融資のポイント

(1) 融資のお願いの相談が来たら

「サ高住」事業に参入するという場合、補助金だけでは足りず、金融機関からの融資が必要となることが多いと思います。実際に、「サ高住」に参入を考えている事業者は数が多くなっていますから、融資の相談を受けた金融機関の方もいらっしゃるのではないでしょうか。ただ、「サ高住」事業は新しい制度であるため、与信の判断がむずかしいとも思われます。

そこで、広大な土地をもっている神奈川県横浜市の地主のGさんが金融機関「H銀行」を訪れ、融資のお願いをしたケースをもとに、与信判断のポイントについて説明したいと思います。読者のみなさんは、Gさんから融資の相談を受けたH銀行の担当者の気持ちになって、以下をお読みいただければと思います。

> 今日はお時間をとっていただきありがとうございます。私は、横浜駅前に比較的広い土地をもっているGと申します。
>
> 私は、4年ほど前に定年退職し、いまは年金生活を送っています。ただ、4年もすると、暇になってきてですね、

私のもっている土地を有効活用して、何か事業を起こすことはできないかと思うようになりました。

　そう思っていたなか、最近、介護事業者の「株式会社Ｉ」(以下、「㈱Ｉ」といいます)という会社から、私の土地に、最近話題の「サ高住」という高齢者のための施設を建てて、私と㈱Ｉで、「サ高住」事業を営まないかと持ちかけられました。

　自分で、「サ高住」について調べてみました。Ｊ弁護士のもとを訪ねて、お話を聞いたのですが、「サ高住」という建物は、すごいですね！　本当に社会的意義のある制度だと思います。たしかに、利回りという意味では土地の有効活用として最高とまではいえないのかもしれませんが、しかし、その存在意義は素晴らしいものだと思います。

　私の土地が高齢者のために使えるのであれば、ぜひとも、その話に乗りたいと考えているのですが、いかんせん、私は土地をもっていても、建築資金がありません。そこで、下記の事業計画をふまえて、私に「サ高住」の建築資金の融資をお願いできませんでしょうか？

記

① 事業全体の概要

　㈱Ｉは、神奈川県横浜市に集中的に施設展開をしている事業者で、病院やクリニックなどの医療機関とも提携していることに定評があります。

　私が介護事業者である㈱Ｉに建物を一括で貸し、㈱Ｉが

入居者に建物の各居室を転貸し、また「安否確認」や「生活相談」といったサービスを提供するというものです。

② 私と㈱I間の賃貸借契約の内容

私と㈱Iの賃貸借契約は、期間20年の借家契約で、賃料については、不動産鑑定士の鑑定によって算定された価額としたいと考えています。

③ 事業計画の内容

㈱Iが私の土地で営む「サ高住」の平均要介護度は要介護2とされています。

㈱Iによれば、私の土地のうち、京浜東北線の横浜駅から歩いて5分の土地に、「サ高住」を備えたいとのことです。

また、赤字から黒字に転じるようになる目標期間としては7カ月程度とされています。

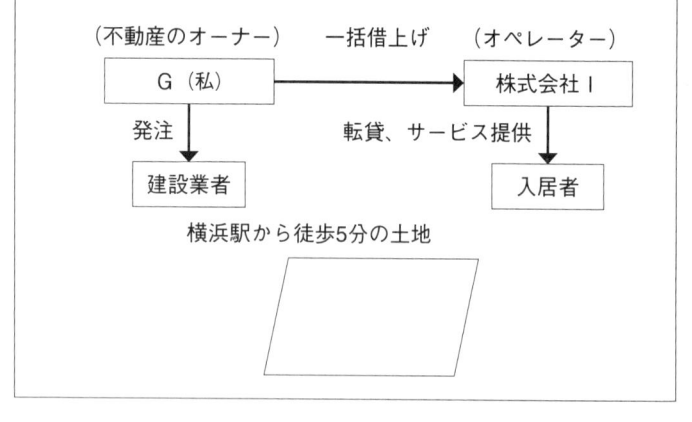

```
(不動産のオーナー)      一括借上げ    (オペレーター)
   ┌─────────┐                    ┌─────────┐
   │  G (私) │ ──────────────────→ │ 株式会社I │
   └─────────┘                    └─────────┘
       │ 発注          転貸、サービス提供 │
       ↓                                ↓
   ┌─────────┐                    ┌─────────┐
   │ 建設業者 │                    │  入居者  │
   └─────────┘                    └─────────┘
```

横浜駅から徒歩5分の土地

(2) 大切な着眼点——まずはここを凝視

　Gさんが話した事業計画は、Gさんが㈱Iに建物を一括で貸し、㈱Iが入居者に転貸するというもので、サブリース（契約関係）と呼ばれるものです（以下、「サブリース」といいます）。なお、サブリースの詳細については、第1章をご確認ください。

　さて、サブリースで「サ高住」事業を行う場合において、金融機関が与信を不動産のオーナーに与えるとき、その返済原資は、医療・介護事業者（㈱Iのように、不動産のオーナーから建物を一括で借り上げて、それを入居者に転貸するという中間者のことを「オペレーター」ということがありますので、このように中間に入る介護事業者のことを「オペレーター」ということがあります）の賃料支払能力に依存している点に注意をする必要があります。

　サブリースでは、不動産のオーナーは、長期間、一括で建物を貸すことができるので、長期の賃貸借契約による空室リスクから解放されます。したがって、Gさんも、オペレーターである㈱Iから、20年間、建物の空室の数にかかわらず、賃料を取得し続けることができます。

　しかしながら、それは、オペレーターが存続している限りにおいての話です。20年間という長期間のなかで、オペレーターの経営状況が悪化すると、場合によっては、不動産のオーナーは賃料を取得することができなくなってしまいます。そうなる

と、不動産オーナーへの融資の回収可能性も低くなるということになります。

つまり、サブリースで「サ高住」事業を行う場合、不動産のオーナーの返済能力は、オペレーターに依存しているということになります。そして、不動産のオーナー自身が、そのことを理解しているかどうかが重要となります。

したがって、与信をするかどうかの判断にあたっては、当該事業計画の内容（不動産のオーナーとオペレーターの賃貸借契約の内容等）だけでなく、オペレーターがどのような事業者か、不動産のオーナーが当該事業計画をどこまで理解しているかということが非常に重要となります。

(3) 個別的な検討要素
── 具体的に何を検討したらいいの？

では、具体的に、どのようなことを検討すればよいかについて説明したいと思います。これは、上記(2)の説明から明らかなように、サブリースの「サ高住」事業の関係者ごとにみていくのがよいでしょう。

a 不動産のオーナーについては何を検討したらいいの？

(a) 利回りが２桁いかないかもしれないけど、大丈夫かな？

まず、融資先である不動産のオーナー自身が、高齢者福祉施設事業は２桁の利回りになることはまれであり、平均的な利回りは７〜９パーセントの間に収まるものと理解しているかです。「サ高住」事業も高齢者福祉施設事業に含まれますから、

利回りについてはいま指摘したような推測が可能です。

　サブリースの「サ高住」事業を完遂するには、不動産のオーナーとオペレーターのどちらもが欠けてはなりません。どれか一つでも潰れれば、サブリースの「サ高住」事業は頓挫します。そのため、「サ高住」事業の利回りは、2桁いかないかもしれないということを理解しているかどうかが当該事業完遂の一つのポイントになるものと思われます。

(b) **不動産のオーナーとオペレーター間の賃貸借契約の何をみる？**

　次に、重要な点は、不動産オーナーとオペレーター間の賃貸借契約において、賃料に関する合意がどのようになっているかです。それはそうですよね。上述したように、金融機関への返済能力は、不動産オーナーがオペレーターからもらう賃料にかかっているわけですから、その賃料に関する合意がどのようなものになっているかは大切なポイントになることは明らかであると思います。

　たとえば、賃料が長期間固定となっているのかどうか、変動するとした場合、どのようなときに変動するのか、賃料の改定条項はどうなっているのか、賃料設定が相場として適正かどうか等を確認することが考えられます。

b **オペレーターについては何を検討したらいいの？**

　実は、高齢者福祉施設事業のオペレーターに関しては、検討要素として確立しているものがないというのが現状です。つまり、「これをみておけば問題なし！」として世間に認知されて

いるものがありません。これは、「サ高住」事業や有料老人ホーム事業等の高齢者福祉施設事業の業界自体が未成熟だからです。

もっとも、参考となる視点はあり、差し当たり、この視点からの検討が有用なのではないかと思います。そこで、以下、この参考となる視点について説明します。

(a) 開設エリアでの事業実績を確認しよう

「サ高住」は高齢者福祉事業の一つですが、高齢者福祉事業が事業として成功するかどうかは、まず、要介護の高齢者が多数存在する地域で事業展開するかどうかという点が重要であると思われます。入居する高齢者がいない（少ない）となると、賃料収入を見込むことができないのですから。

さらに、ポイントとなると思われるのは、当該高齢者になんらかの問題が発生した際に、臨機応変に対応することができるかどうかという点です。たとえば、病院やクリニックとの密接な提携関係を築いていれば、当該高齢者が緊急入院するようになった場合であっても、臨機応変な対応が可能になります。そのような対応のできる施設であれば、入居したいと思う高齢者は多くなるでしょう。

このようにみてくると、高齢者福祉施設事業の成功の一つの鍵は、要介護高齢者の地域情報をいかに多く保有しているか、医療機関等との提携関係が確立されているかであると思われます。

(b) 介護職員の人数と集中的な施設展開をしているかどうかを確認しよう

　上記の(a)で述べた以外に、高齢者福祉施設事業において忌避するべき問題は、介護職員が不足してしまい、当該高齢者に問題が発生したときに対応ができないということです。

　それゆえ、そのような対応をすることができるべく、介護職員が充実しているかどうかが重要といえます。しかし、人件費の問題もありますから、介護職員を多数そろえている事業者も数少ないと思われます。

　そこで、ポイントとなるのは、特定エリアに集中的に施設展開をしているかどうかという点です。たとえば、ある市内にA、B、Cという3つの施設を運営している事業者の場合、Bの介護職員の人数では対処できない事態が発生した場合、同じ市内にあるA、Cから応援を頼むことができます。このように、特定エリアに集中的に施設展開をしていれば、相互に補充しあうことができるといえるでしょう。

　したがって、介護職員の人数とともに、特定エリアに集中的に施設展開をしているかどうかという点は検討されて然るべきであると思います。

c　事業計画については何に注目したらいいの？

　事業計画は、「サ高住」事業の運営方針、運営内容そのものですから、与信判断にあたって非常に重要なものです。そのため、不動産のオーナーを通して、または直接、オペレーターに連絡をとり、事業計画を入手することが重要です。

事業計画を入手した場合に注目するべき点としては、以下のようなものが考えられます。

(a) **平均要介護度の数値をみましょう**

「サ高住」のような高齢者福祉施設には支援・介護の必要な高齢者が多数入居します。そのため、ポイントとなるのは、当該施設に入居が予定されている高齢者の平均要介護度の数値です。

ア　要介護度とは？

念のために、要介護度について説明します。介護保険を受けるためには、要介護認定というものを市町村から受ける必要があります。要するに、「あなたは介護保険法上、介護が必要な人に当たりますよ」と市町村から認められる必要があるということなのですが、介護が必要な程度には段階があります。多くの介護が必要な人もいれば、わずかの介護で足りる人もいるでしょう。その介護の必要な程度を「要介護」といいます。そして、介護保険法上、要介護の認定は次のように分類されています。日常生活において介護を必要とする状態を意味する要介護認定と、日常生活に見守りや支援を必要とする状態を意味する要支援認定です（慣例上、広い意味で「要介護認定」を使う場合には、「要支援認定」も含まれる使われ方をします。そのため、混乱しないように気をつけてください）。

要介護認定では、要介護1から5の段階づけがなされています。要支援認定は、要支援1から2です。このうち、要支援1が軽度で、要介護5が最も重度です。したがって、要介護5が

いちばん手厚い介護保険による介護報酬が拠出されることとなります。

イ　要介護5の高齢者が多く入所する施設のほうが与信判断上いいのかというと……

要介護5は最も重度ですから、介護報酬を最も多く受けることができます。そうすると、「それだったら、要介護5を多く受け入れる施設のほうが与信判断ではプラスだね！」と思うかもしれません。

しかし、問題はそのように簡単ではありません。

要介護5の高齢者が多数入居するということは、それだけ介護への負担が当該施設にとって重いということです。当然、介護職員の人数も多く求められ、そうなると、人件費も高くなります。したがって、要介護5の高齢者を多数受け入れているにもかかわらず、介護職員の人数を施設基準ギリギリの少人数で配置するということも十分にありえます。少人数の介護職員では、到底、要介護5ばかりの高齢者すべての介護をすることは困難でしょう。

このようにみてくると、要介護度が高い高齢者ばかり受け入れる施設というのは、介護職員の人件費や人数という点で懸念事項が生じうるものであって、問題があるといえるでしょう。

したがって、平均要介護度が高い施設では、当該事業計画の内容について、一応、疑ってみて然るべきであって、オペレーターの不動産のオーナーへの賃料支払能力についても十分にチェックせざるをえないと思われます。

(b) **赤字から黒字に転じるようになる期間の目標を確認しよう**

一般的な施設計画では、赤字から黒字に転じるようになる期間設定について、通常、6カ月から10カ月程度を目安としています。

それにもかかわらず、たとえば、2年や3年という長期間の設定を行っている場合には、当該事業計画にはなんらかの問題が存在する可能性が高いと思われます。

(c) **その他の注目事項**

以上のほかには、当該施設がどこに所在するのか（交通の便がよいところにあるのかどうか）といった点も重要なポイントといえるでしょう。

d 不動産のオーナーとオペレーター以外に注目したほうがよい人って？

不動産のオーナーとオペレーター以外にも、注目したほうがよい人がいます。それは、「サ高住」を建設する建設業者です。

その建設業者が「サ高住」を過去に建設したことがあるかどうかという実績がポイントでしょう。「サ高住」としての登録を受けるには、上述したように、設備に法律上の要件があります。そのため、その設備を忠実に建設できる事業者かどうかが重要となります。したがって、当該建設業者の実績についても確認する必要があります。

また、不動産のオーナーと建設業者間の工事請負契約の請負代金についても確認する必要があります。当該代金額は相場からみて高額にすぎることはないのか。高額である場合の理由と

しては、建設業者が、あまりにオーバースペックな施設を提案していることがあるので、注意が必要です。他方、不自然に低額である場合には、なぜ低額とされるのかについて確認をする必要があります。その理由としては、材料費を不相当にケチっていることもあり、やはり注意が必要です。

(4) 地主Gさんの場合

以上が検討するべきポイントです。では、Gさんの場合はどうでしょうか？

まず、Gさんは、「サ高住」の社会的意義および利回りについても理解しています。さらに、賃料額についても不動産鑑定士の鑑定の結果得られた価額とするとのことですから、相場との比較からしても不相当となることはないと思われます。

Gさんによれば、㈱Ｉは、神奈川県横浜市に集中的に施設展開をしている事業者で、病院やクリニックなどの医療機関とも提携していることに定評があるとのことですから、横浜市内における高齢者福祉施設としての実績があり、事業継続性の面からみても優良であると考えることができます。

Gさんの土地で運営する「サ高住」に受け入れる高齢者は、平均要介護度を要介護2にするとのことですから、計画内容が不合理というものではありません。なお、「サ高住」は、もともと、要介護度の低い高齢者の入居を予定していますから、その意味で、㈱Ｉの事業計画は、「サ高住」の創設理由に合致したものといえます。

赤字から黒字にする目標期間も7カ月程度とのことで、一般的な目安に合致しているものと思われます。

　土地も、横浜駅から徒歩5分程度で、交通の便がよく、場所としても非常によいと思われます。

　このようにみてくると、不動産のオーナーであるＧさんの理解の程度、Ｇさんと㈱Ｉの賃貸借契約の賃料額、㈱Ｉの事業計画の内容について大きな問題もないと思われ、融資を行ってもさしつかえない事案であると思われます。

4 日本の将来の住宅を支える存在

　以上でみてきたように、「サ高住」は、まず高齢者にとって非常に優しい住宅であるといえます。しかし、高齢者だけに優しいのでは、高齢者に対する「サ高住」の十分な供給がなされるとは限りません。これには供給者である事業者の存在が不可欠です。そこで、国は、事業者が「サ高住」事業に参入しやすいように、多くの支援措置を打ち出し、実行しています。

　高齢者と事業者が本当に幸せになることを目的とした住宅、それがサービス付き高齢者向け住宅であるといえるでしょう。

　「サ高住」は平成23年10月から登録がスタートしました。その時点から2年経たない平成25年2月の時点ではすでに10万戸にのぼっています。「サ高住」は、わが国の超高齢社会を支える住宅として、きわめて重要な位置を占めていくことは間違いないでしょう。

第 3 章

会社を後継者に承継させる
──事業承継

1 とある企業の事業承継

（以下は、法学部で民法を教えている教授Xと、そのゼミ生である学生YとZの会話です）

> 教授X「Y君、事業承継って知っているかね。定義をいってみて」
> 学生Y「ジギョウショウケイ、ですか！（たしか、何年か前に民法の特別法ができたって、どこかで聞いたような。でも、全然勉強したことない）わかりません！」
> 学生Z「先生、事業承継というのは、主に中小企業において、企業の経営者が、その企業をそのまま後継者に承継させることで会社の事業を継続させることです」
> 教授X「うん、定義としては、まあまあだね。Y君、わかった？」
> 学生Y「えっと、つまり、会社の社長さんが年をとって引退するとかで、だれかに後を継いでもらう、みたいな？それをむずかしくいうと、ジギョウショウケイ！」

さて、みなさんは、事業承継という言葉をご存じでしょうか。具体例で説明しましょう。

ここに、「W」という小さな企業があるとします。「W」は、

ある地方都市で小さいながらも工場と店舗をもち、餅を製造して販売している会社です。「W」は、もともと、Aが40年前に単身で立ち上げた事業で、Aがつくるお餅、特に自家製の特製あんを使った大福の評判のよさから、地元で有名なだけでなく、雑誌の取材を受けたこともあります。

さて、現在、「W」は取締役会を設置する株式会社として組織化され、その旨が登記されています。

取締役は、登記上は5人いることになっています。まず、Aは代表取締役として登記されています。そして、家族である妻のB、子のCおよびDも、取締役として登記されています。また、最初はアルバイトで入ったものの、長年Aによって餅職人として鍛えられて現在は工場長の地位にあるEも、取締役として登記されています。

ただし、Aと妻Bは10年前から不仲になってしまい、妻Bは家を飛び出して現在は他の男と暮らしています。Aは男をつくって家を出たBに愛想が尽きてしまっていますが、籍はそのままになっており、法律上の離婚はしていません。このような状態ですから、妻Bは、いまは経営にタッチしていません。また、子Dは東京の商社で働いており、年に1回、実家に帰ってくる程度で、会社の経営にはタッチしていません。

以上の次第で、Aの会社は、登記上の表記と異なり、A、CおよびEの3人の取締役、それと10人弱のパートで切り盛りされています。

この会社の発行済株式総数は1000株ですが、現在、Aが850

株、妻Bが50株、子であるCとDがそれぞれ50株を保有しています。また、この会社はいわゆる閉鎖会社であり、株式の譲渡には取締役会の承認を要する旨の定款の定めがあります。

　さて、Aは長年お餅一筋でがんばってきましたが、65歳になり、そろそろ引退して年金生活を送りたいと思うようになりました。ただ、自分の人生そのものである「W」がなくなるのは耐えられません。よって、Aはだれかに会社を継いでもらいたいと思っています。

　Aは、どのような方法をとるべきなのでしょうか。これが事業承継という問題です。

2 自社株を後継者へ

> 教授X「会社を後継者に承継させるっていうけど、法律的にはどういった法律や条文が問題になるのかな」
>
> 学生Y「はい！　事業承継法です！」
>
> 教授X「残念、はずれだね。そもそも、そんな名前の法律はないからね。Z君はわかるかな？」
>
> 学生Z「承継させる方法論にもよりますが、主に、会社法が問題となります。また、事業承継を行う場合には、相続人との関係で、民法の遺留分の条文も問題となります」
>
> 学生Y「先生、僕もまったく同じことを考えていました！（やっべ、イリュウブンってなんだっけ？　たしか、家族法の講義で先生がしゃべってたような……）」

先の例で、Aが「W」の事業承継を行うことにしたとしましょう。具体的に、Aはどのような方法をとって事業承継を行えばよいのでしょうか。

会社に関係する財産を確認しましょう。まずは、1000株の株式があり、そのうち850株はAが、50株は妻Bが、残り100株は子であるCとDがそれぞれ50株ずつ保有しています。

また、Aは地主から甲土地を賃借し、その上に工場として利用されている乙建物を所有しています。この乙建物は、A名義で登記されています。甲土地は面積が3000㎡と広く、幹線道路に面しているため、固定資産評価や路線価をもとに計算してみたところ、甲土地の借地権と乙建物を合わせ、安く見積もっても１億円の価値があることがわかっています。

　この例で、Aが子Cの手腕に期待を寄せ、自分の引退後は子Cにすべてを任せたいと考えていたとします。この場合、一つの方法として、Aが有する株式850株を、すべて子Cに譲渡することが考えられます。

　株主は、会社のオーナーといわれ、法律上、株式会社の重要な事項は株主が決めることになっています。よって、Aが「W」の全株式を子Cに譲渡すれば、以後、たとえば取締役をだれにするかといった多くの事項が子Cの思いどおりになるわけです。

　ただし、この方法をとる場合、一つ手続的な問題があります。それは、「W」が閉鎖会社であるという点です。閉鎖会社というのは、株式を譲渡する場合に取締役会の承認を要するという会社です。取締役会の承認を要するという制度を、俗に「譲渡制限」と呼んだりしますが、この制度は、割と小規模な会社について、どこのだれだかわからないような人間が株主として会社経営に参画することを防止するために存在します。ちなみに、わが国では、上場会社でない会社（基本的には中小企業です）の大多数において、このような定款の定めが設けられ

ています。

さて、「W」は閉鎖会社であり、しかも取締役会が存在しますから、Aが株式を子Cに譲渡したいと考えた場合、会社法上、取締役会の承認を要します。

この会社には、取締役として、Aのほか、妻B、子C、子D、工場長のEがいます。よって、Aは、取締役会を招集し、妻B、子C、子D、工場長Eの同意を得たうえで、子Cへの株式譲渡を行うことになります。子Cの手腕がすでに他の者にも理解されており、工場の経営権を子Cに譲ることに異論が生じなければ、特に問題なく株式譲渡が行われるでしょう。

しかし、子Cが他の者（BやD）から嫌われていたり、あるいは工場長Eと経営方針が異なるといった事情があったとすると、子Cを後継者にすることについての同意が得られないかもしれません。このような事情があったとすると、取締役会の承認はとれません。Aは、筆頭株主としての地位を使い、取締役として別の人物を選任等する必要があります。

また、Aが、自己の保有する株式を子Cに譲渡しようと考える場合、遺言書を書くという方法もあります。つまり、Aは公証役場に行って、「自分のもつ、Wの株式は、すべて子のCに相続させる」という内容の遺言書（公正証書）を公証人につくってもらうわけです。公証人というのは、裁判官や検事を定年で辞めた人などが就く職業で、この公証人が関与して作成された遺言書は、一般に信頼度がきわめて高いとされています。

なお、Aが家族の手腕を低くみており、むしろ長年可愛がっ

第3章　会社を後継者に承継させる　75

てきた工場長のEに会社を継がせたいと考える場合も、同じ手続をとることになります。つまり、Aは、工場長Eに株式を譲渡することについて取締役会での承認を取り付けるか、あるいは、遺言で「自分のもつ、Wの株式は、すべてEに遺贈する」という内容の遺言書を作成するか、です。

ただし、家族ではない工場長のEに株式を譲渡するということになれば、家族は一致団結して全員反対に回る可能性もあるでしょう。Aとしては、遺言書で上記のような内容を定めておくほうがよいかもしれません。

Aが子Cに事業を承継させる場合、株式の譲渡以外の方法としては、「W」という会社自体を子Cが運営するF社に事業譲渡してしまう方法や、工場である乙建物を子Cに譲渡する方法などもあります。

3 後継者以外の相続人は、1年以内にアクション

教授X「さて、ある会社の経営者が、自分がもつ株式のすべてを、遺言で相続人の一人に承継させたとしましょう。たとえば、息子が2人いたとして、そのうちの一人に対して株式を含む全財産を相続させる旨の遺言書が作成されたような場合だね。この場合、財産を承継する旨を指定された相続人以外の相続人、つまり、遺言によると何ももらえないとされた相続人は、何か法律上の主張がいえるのかな？」

学生Y「いいえ！ 遺言書って、書いた人の最終的な考えが記載されたものですよね。人間、生前は自分のものを自由に処分できるわけだから、それは死ぬときも同じなはずです！ つまり、遺言で決めたことは、だれにも変えられません。だから、指定されなかった相続人は、家で泣くしかありません！」

教授X「うん、一つの考え方かもしれない。だけど、民法って、いろいろな人のバランスをとる法律だよね。もし、Y君がいったような処理がなされるとしたら、遺言で指定されなかった相続人はかわいそうじゃないかな？もし、Y君がいうように遺言がいわば万能なのだとした

> ら、相続人が生活に困ってしまう場合もあるんじゃないかな」
> 学生Z「場合によっては、遺留分減殺請求権を行使できる場合があります」
> 学生Y「あっ、度忘れして、うっかり！ それそれ！ イリュウブンです！（えーと、どんな制度だっけ？）」

　遺留分減殺請求権。イリュウブン・ゲンサイ・セイキュウケン。非常に硬い響きで、拒絶反応が起きそうな言葉ですね。このような名前をもつ制度が民法に定められていますので、説明しましょう。

　みなさんが、現金で500万円をもっているとします。みなさんが、その500万円をどう使おうが、だれにも文句はつけられないですね。つまり、500万円を競馬に使おうが、投資に使おうが、あるいは貯金して手をつけなくても、道端に捨てたとしても、あらゆる処理が自由です。これは、みなさんが、500万円の現金について、所有権をもっているからです。民法は、所有者は、その所有する物について、自由に使用・収益・処分ができると定めていますから、どう使おうが所有者の勝手なわけです。

　ところが、みなさんが遺言書に「現金500万円は、すべて愛人の○○にあげる」とか、「現金500万円は、長男の○○に全部相続させる。次男には何も相続させない」と定めた場合、少し話が変わってきます。

これは、遺言書で、相続人の一部や遺言者と懇意にしていた他人（第三者）が財産を受け取るとされた場合に、相続人が生活に困るからです。

　ここに、夫A、妻B、子CおよびDの4人で構成される家庭があったとします。AとBの仲は冷え切っており、夫Aには別に愛人Fがいました。Aは、B・C・Dに対する愛情はすっかり冷めていました。そこで、Aは、知り合いの弁護士に相談したうえ、公証役場に行き、「自分の財産はすべてFに遺贈する。妻Bや子C・Dには、何も与えないこととする」という遺言書をつくってもらったとします。

　このような事例で、もしもAの遺言書どおりに財産を承継させるならば、BやC・Dは何も得られないことになってしまいます。B・C・Dに自分名義の財産があるような場合であれば、特に問題は生じないかもしれません。ただ、特に専業主婦である妻について問題となりがちですが、Bが長年Aの収入に頼って生活しており、特に自分名義の財産を形成してこなかった場合などを想定すると、BはAからの財産の相続を得られない結果、生活に困窮してしまうかもしれません。

　そこで民法は、相続人に遺留分を与えました。

　遺留分というのは、配偶者や子の場合、被相続人（亡くなった人、遺言を書いた人）の財産の半分が保障されるという制度です。注意すべきなのは、配偶者と子で合わせて財産の半分が保障されるのであり、この半分について、相続分に応じて具体的に遺留分が決定される、ということです。

つまり、先の事例ですと、Bと子C・Dは、3人合わせてAの財産の半分が保障されているということです。法律上、配偶者と子が相続人の場合、配偶者の相続分は2分の1ですから、Bの遺留分は、1／2×1／2で4分の1となります。また、子の相続分は1／2÷人数ですから、C・Dの遺留分は、1／2×1／2×1／2＝各1／8となります（図表3－1）。

　このような制度のおかげで、Aのつくった遺言書がどのような内容であろうとも、Bは財産の4分の1について、また、C・Dは財産の8分の1について、それぞれ相続できることが保障されています。

　そして、このような遺留分について、「あんたは遺言で財産を受け取るって決まったかもしれないけど、私には遺留分があるんだ！　遺留分については、私に返してもらうよ！」という請求をすることができます。これを、遺留分減殺請求権といいます。

　つまり、遺留分については、遺言書によっても侵害できないということになります。相続人の生活を保障するために、法律が最低限の防波堤としてつくったのが遺留分、ということになるでしょう。

　先の例だと、BはAの財産のうち4分の1について遺留分をもちますから、財産が現金500万円のみであったとすると、その4分の1に当たる125万円について、「125万円は私のものだから、返せ！」といえることになります。また、CとDも、もし財産の返還を希望するのであれば、財産の8分の1に当たる

図表3-1　遺留分とは

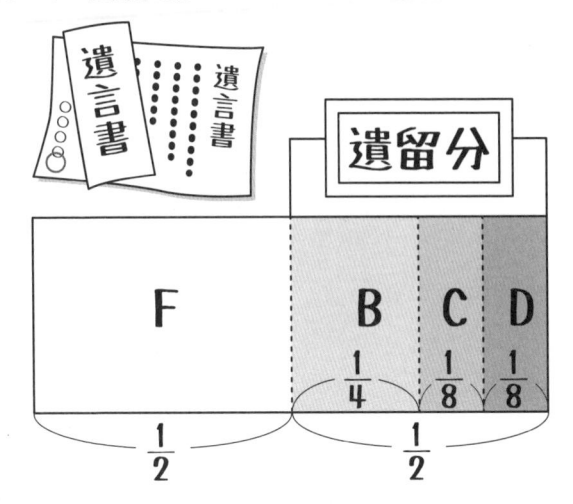

```
     遺言書
              遺言書        ┌──遺留分──┐
┌─────────────┬──────┬───┬───┐
│             │      │   │   │
│      F      │  B   │ C │ D │
│             │ 1/4  │1/8│1/8│
│             │      │   │   │
└─────────────┴──────┴───┴───┘
      1/2            1/2
```

67万5000円について、それぞれ「返せ！」と言いうることになります。B・C・Dは、それぞれ個別に権利行使するか否かを決めればよいのです。

　ここで注意が必要なのは、遺留分減殺請求権は、相続および減殺すべき贈与等があった時から1年間しか行使できない、ということです。

　Aの死後、Aの布団の下から封筒に入った遺言書が出てきたとしましょう。B・C・Dその他の親族が立ち会って封筒を開け、遺言書の内容が確認されたとします。この場合、Bはその遺言書を読んだ日から1年以内にFに対して「125万円は返してもらう！」と伝えなければなりません。この点は、注意が必要です（厳密には、具体的に125万円を返せ、と正確に伝える必要

第3章　会社を後継者に承継させる　81

までではなく、抽象的に「遺留分に相当する財産について返してもらう」という程度の内容を伝えれば足ります)。

4　遺留分が事業承継の障害に？

　このような遺留分制度は、通常は、遺族の生活保障として有効に機能しています。ただし、事業承継を行う場合には、遺留分制度がある種の障害となってしまうことがあります。

　問題点は、遺留分を行使する場合、財産の評価時点が相続開始時（被相続人が亡くなった時点）とされ、しかも、共同相続人に対する贈与の場合、特に期間制限なく過去のものにさかのぼって遺留分減殺請求の対象になるということです。

　設例の「W」の例に戻って考えてみましょう。経営者のAは、子Cの経営センスを見込んでCを後継者と決めました。Aは、自分がもつ工場の株式850株と不動産を全部Cに譲渡し、経営のすべてを任せたとします。そして、妻B、子Dおよび工場長Eも特に譲渡に文句をいうわけでもなく、従業員全員が一丸となり、新しく代表取締役に就任したCの指示のもと、20年間、経営努力を重ねたとします。

　Cの経営手腕は抜群で、Cによる新しいヒット製品開発や経営戦略により、「W」は急成長し、20年後、なんと東京証券取引所の1部に上場したとします。資本金1000万円でスタートした工場は、現在では資本金を10億円に増資し、だれもが知る製菓メーカーに成長しました。工場の株式の価値はかつての1万倍になり、工場の株式は他の一流企業とともに東京証券取引所

で売買されています。

その後、Aが85歳で死亡したため、妻Bと子Dが、Cに対して遺留分減殺請求権を行使したとします。この場合、妻B、子Dがもつ遺留分は、株式が上昇後の価値をもつものとして（つまり、1部上場している株式として）計算されます。

すると、Cは、株式について、大変多額な返還請求を受けることになります（どのような形で遺留分に相当する分を妻B、およびDに返還するかは、話合い等によります。株式を返還してもよいですし、現金で賠償することも可能です）。

Cからすると、自分が20年間努力し続け、20年もの歳月をかけて、「W」を地方の中小企業から全国レベルの一流企業に成長させたという自負があります。

それなのに、旧経営者Aが死亡するや、経営を手伝うわけでもなかった相続人（B、D）が遺留分を主張して多額の財産を得るというのは、我慢ができないでしょう。

このような制度では、「いくら俺ががんばっても、どうせ、将来は遺留分として相続人にとられてしまう」と、後継者の事業の発展に対するインセンティブを奪うことになります。

これでは、中小企業の事業承継が妨げられてしまいます。そこでつくられた法律が、経営承継円滑化法です。

5 「ケイエイ・ショウケイ・エンカツカ・ホウ」って何？

教授X「さっき議論したとおり、中小企業の経営者が引退を考えるようになり、後継者への事業承継を行いたいと考えたとします。遺留分との関係で、何か民法以外の法律は問題となりますか」

学生Y「（今度こそ！）はい、事業承継法です！」

教授X「うん、おしい。さっきもいったけど、そういう名前の法律は存在しないんだ。でも、言葉の響きとしてはおしいよ。Z君は知ってる？」

学生Z「わかりません」

教授X「学生の君たちにはむずかしかったかもね。通称、経営承継円滑化法、という法律があるんだ。中小企業の経営者が、株式とか企業の用に供している不動産を、後継者として見込んだ人物に譲渡したいとするね。たとえば、贈与をしたり、遺言をつくったり。せっかくいろいろと方法をとったのに、相続人から遺留分減殺請求権を行使されたら、どうかな」

学生Z「あっ、後継者に譲られたはずなのに……」

教授X「そう、後継者にいったんは譲られたはずの株式や不動産だけど、遺留分減殺請求権が行使されると、相続

第3章 会社を後継者に承継させる 85

人に何分の1かが戻っちゃうんだよね」
学生Z「不動産はともかく、せっかく自分ががんばって会社の株式の価値が上がっても、後で株式の一部が取りかえされちゃうんじゃあ、後継者はやる気にならないかも」
教授X「そうなんだ。そういった問題に対処するため、実は民法の特別法がつくられているんだよ。それが、通称、経営承継円滑化法、なんだ」

先に述べた民法の遺留分制度の問題に対応するため、中小企業経営承継円滑化法、という法律が制定されました。

これは、①一定の財産を遺留分の対象から外す、②将来、遺留分を考える際に株式の価値が問題となるが、それを話合いの時点に固定できる、という制度です（専門用語では、①を「除外合意」、②を「固定合意」といいます）。

「W」の例で説明します。Aが引退を全員に相談し、会社の将来をどうするか、関係者全員で話合いの機会をもったとします。そして、経営者A、妻B、子CおよびDが話し合った結果、Cの経営センスには類まれなものがあったことから、全員一致で「会社の将来はCに託そう！　Aのもつ株式や不動産を、すべてCに承継させよう！」と決まったとします。

このとき、経済産業大臣への申請や家庭裁判所の許可といった一定の要件のもと、①「今後、Cががんばって会社を一流企業に育てるといっている。BとDも納得したから、会社の株式

については、将来、遺留分を主張しないよ！」とか（除外合意）、②「今後、Cのがんばりでいくら会社の株式の価値が上がっても、BとDは、この話合いの日の価値でしか、遺留分を主張しないよ！」（固定合意）と決めるのです。

　もちろん、BとDを納得させるために、たとえばAが一定額の現金をBとDに贈与することも多く行われることになるでしょう。

　このような制度により、Cにとっては経営努力へのインセンティブが与えられるので、事業承継が円滑に進められる場合があります。

　ただし、この制度は、「推定相続人（上の例でいえば、B～D）全員の一致」が要件となるので、適用がむずかしい制度でもあります。今後、要件の緩和に向け、議論がなされるべきでしょう。

6　事業承継の際、不動産について特に考慮すべきことは

　先の「W」の事例で、不動産の事業承継に特有の問題について考えてみましょう。少し事例を変えて、経営者のAは、地主から甲土地を賃借し、その上に工場（乙建物）を所有するほか、その場所以外にも工場を所有していたとします（丙建物、戊建物）。各工場の時価は、乙建物が1億円、丙建物および戊建物はそれぞれ5000万円だったとします。Aには、他に預金が2000万円程度あります。

　ここで、Aが特に事業承継の対策をとらないうちに、亡くなってしまったとします。Aとともに工場を取り仕切ってきた子のCは、工場長Eと話し合い、「これから、Aの遺志を継いで工場を大きくしよう！」と意気込んでいたとします。

　ところが、Cのもとに、長年、音信不通であったAの妻Bから手紙が届きました。

　Bからの手紙には、「私（B）は、子Dともよく話し合ったのですが、Aの財産は、相続人みんなで公平に分けるのがよいと思います」と書いてありました。

　Cにしてみると、Bは工場の経営に携わっていなかったのですから、当然、事業用の不動産（乙建物、丙建物、戊建物）はすべて自分が所有する形にしたいと考えていました。

　この場合、BやDにも相続分があるのですから（配偶者であ

るBは2分の1、子であるCおよびDは4分の1)、Cは、不動産(工場)を自分に帰属させるのであれば、かわりにBやDに代償金を支払わなければならないはずです。

しかし、Aの遺産中に預金は2000万円程度しかなく、また、Cには、遺産分割において、BやDに支払うべき代償金がありません。

Cは、親族とのいざこざが長引くことを嫌い、法定相続分に沿うようにメインの工場である乙建物をBに帰属させ、やや小規模な工場である丙建物をCに、戊建物をDにそれぞれ相続させ、他方、預金は3人で分割取得する旨の分割案を提案し、B・C・Dの3人で遺産分割協議書を作成しました。

ところが、しばらくすると、Bから手紙が来て、「私(B)とDで話し合ったのですが、乙建物と戊建物はもう取り壊すか、知り合いに売却しようと思っています。その知り合いは、乙建物を1億5000万円、戊建物を8000万円でそれぞれ買ってくれるっていっています。あなたに売ってもいいんだけど、その人以上にお金を出してもらう必要があります」と記載されていました。

Cが工場長のEにこの手紙をみせると、Eは、「これは脅しですね。Bのやつ、工場を続けたいなら高く買え、と2代目(C)にいっているんですよ!」といいます。

法律的には、乙建物の所有者はB、戊建物の所有者はDですから、BとDは、それぞれ所有する不動産を自由に処分(取壊し、売却)できることになります。

Cと工場長Eは、Bの脅しに屈して多額のお金を払うのか。それとも、「W」は、その事業用不動産を失い、事業を廃業（縮小）するのかの決断を迫られることになりました。

　さて、このような状態にならないように、Aは、適切な事業承継を生前に行っておくべきなのです。つまり、事業用不動産について生前にCに対する生前贈与をするなり、「工場はCに相続させる」旨の（ただし、BとDの遺留分を適切に考慮した）遺言書を作成しておく等です。

第4章

期間を過ぎたのに借家を返さなくてもいいの？

1 期間が過ぎても返さなくていい借家

(1) 期間が満了したのに部屋を返さなくていいの？

　A君は、「チワワ」という小犬が大好きな大学生です。A君は、小型犬愛好会という大学のサークルにも加入しており、そのサークルで小犬が大好きな学生と親睦を深めていました。さて、以下の会話は、平成25年2月10日のA君と、同じ大学の法学部の学生のB君の会話です。

> A「B君。相談に乗ってほしいんだ」
> B「なんだい？　A君」
> A「実は、僕が住んでいる部屋のことなんだけど、大家さんから立退きを求められているんだ。大家さんがいうには、僕の借家契約の期間が満了するということが理由みたい。でも、僕は、いまの部屋から出たくないんだよなぁ。だって、僕が部屋で飼っている小犬の『チワワ』、名前は『Cちゃん』っていうんだけどね、Cちゃんがいまの部屋を気に入ってるからなんだよ。あまりに部屋が好きすぎて、部屋の至るところをかじるんだ！　B君は法学部の学生で法律に詳しいだろう？　だから相談に乗

> っておくれよ」
> B「もちろんさ。A君。じゃあ、A君の契約書をみせてくれるかな?」
> A「いいよ! これが契約書さ」
> B「あ、たしかに、平成25年2月末日に『2年』の契約期間が満了するようだね。A君……」

さて、みなさんがB君であるとすれば、どのように回答しますか? まずは、A君と小犬との愛の巣である現在の部屋を退去しなければならないか、というA君には切羽詰まったお話を通じて、期間の満了と借家契約についてお話ししていきたいと思います。

a 借家契約ってなんだろう?

A君とB君との会話で「借家契約」というものが出てきましたが、借家契約とはなんでしょうか。

字のごとく「家を借りる」契約ということですが、「建物を賃貸借する」ということです。では、「賃貸借」とはなんでしょうか。「賃貸借」とは、ある人が、ある物を相手に対して使用させたり、収益させ、その相手方は、使用させてもらい、また収益させてもらった対価として、賃料を支払うというものです。ポイントは、「使用させてもらう、収益させてもらうことについて、お金を支払う」というところです。ここに賃貸借の本質があります。

A君の場合ですと、A君は部屋を大家さんから使用させても

らい、そのかわりに、賃料（お金）を大家さんに支払うという約束（契約）が、A君の借家契約ということになります。

b　いつ返せばいいの？──借家契約の期間を学ぶ

「借りたものはいつか返却する」のが当然のことだと思います。借りたものは自分のものではないからです。そして、民法は、賃貸借契約の期間について定めを置いています。すなわち、賃貸借の期間は20年を超えることができないとされます。これは、あまりに長期にわたる賃貸借を認めると、その貸主（持ち主）の所有権を拘束し、物の改良がなされないこととなり、社会経済上不利となるからというのが理由のようです。

ところが、借家契約については、この民法の原則が借地借家法という特別法で修正されています。

すなわち、まず、上記の「20年を超えることができない」という制限は撤廃され、契約期間が1年以上であれば、その期間を契約期間とする借家契約となります。また、契約期間が1年未満の借家契約は「期限の定めのない借家契約」であるとされます。

つまり、契約期間が1年以上で、かつ、キチンと「○年」と定められていれば、何年であってもよく、その期間、大家さんは借家人に対して部屋の返還を求めることはできません。しかも、大家さんは、期間が満了する1年前から6カ月前までの間に「更新をしませんよ」という通知を送っておかないと、法律上、これまでと同一の条件で契約が更新されてしまいます。要するに、「期間の経過」＋「期間満了の1年前から6カ月前ま

での間に更新をしない通知」をしないと、契約が自動的に更新されることとなり（前と同じ条件で継続されるということです）、借家人はそのまま部屋を使い続けることができます。

　他方で、期間を1年未満とする借家契約は、「期間の定めがない」ものとされます。「期間の定めがない」と聞くと、「永久に貸さなければいけないということ!?　ということは、もう戻ってこないの？」と思う大家さんもいるかもしれません。そうではありません。まったくの逆でして、大家さんは、いつでも、その返還を求めることができるということです。

　要するに、賃貸借する期間を1年以上とすると、その期間の間はしっかりと賃貸借するということになり、貸主はその期間、返却を求めることはできません。しかし、1年未満とすると、「期間の定めがない」ものとなり、貸主はいつでも、その返還を求めることができるということになります。

　そして、このような決まりに反する契約は、ある例外を除いて無効となります（この例外については、後述します）。

みなさんの借家契約の期間は何年？

・1年以上

①　その期間、部屋を返す必要がありません。

②　大家さんが期間満了1年前から6カ月前までに「更新しない」旨の通知をしないと、自動的に更新されます。

※自動的に更新された後の流れについては後述しま

> す。
> ・1年未満
> →期間の定めのない賃貸借契約となります。
>   ↓
> いつでも家主から返還を求められます。

 このような借家契約を、後述の「定期借家契約」と区別するために、「普通借家契約」といいます。

 さて、A君の場合ですと、期間が2年間ですから、契約期間を2年間とする借家契約ということになります（つまり、契約期間が1年未満の借家契約ではありませんから、「期間の定めがない」借家契約となりません）。

 本書をお読みになっている方で、賃貸住宅にお住まいになっている方は、自分の賃貸借契約書をもう一度、確認してもらえればと思います（図表4−1）。

c　大家さんが貸家を返してもらうには「正当な事由」が必要

 さて、A君の場合に話を戻します。

 A君の借家期間は2年間でしたから、A君の借家契約は、契約期間を2年間とする借家契約です。それゆえ、大家さんは、2年の契約期間が満了すれば、いつでも貸家の返還を求められることになり、結果として、A君は、愛犬と一緒に退室する必要がありそうです。

 しかし、実はそうではありません。

 大家さんが部屋を実際に返してもらうには、期間の満了のみ

図表4-1 借家契約の期間満了

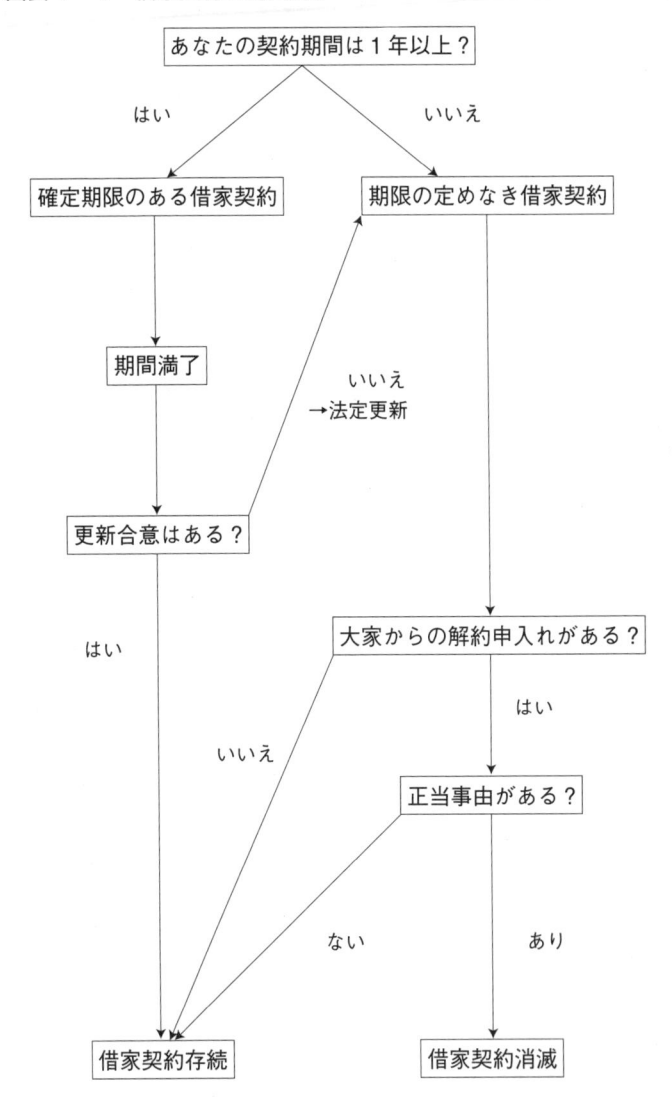

```
              あなたの契約期間は1年以上？
           はい ↙         ↘ いいえ
   確定期限のある借家契約    期限の定めなき借家契約
           ↓
         期間満了
                     いいえ
                     →法定更新
           ↓
       更新合意はある？  ──────↗
       
                              ↓
                      大家からの解約申入れがある？
     はい ↓                              ↓ はい
                    いいえ ↙
                                     正当事由がある？
           
            ない ↙         ↘ あり
       借家契約存続           借家契約消滅
```

第4章 期間を過ぎたのに借家を返さなくてもいいの？　97

ならず、「正当な事由」が必要となります。

　要するに、期間が1年以上の場合には、その期間、返還を求めることすらできません。契約期間の満了によって、やっと、返還を求めることができるのですが、実際に部屋を返してもらうには、「正当な事由」が求められるということです。しかも、期間満了の1年前から6カ月前までの間に、借家人に対して「更新しないですよ」という通知を送らないと、これまでの契約と同じ内容で更新されることとなります。

　なお、期間が1年未満の場合には、いつでも、返還を求めることはできるのです。ただし、その場合であっても、実際に部屋を返してもらうには、「正当な事由」が必要となります。

　つまり、大家さんは、Ａ君に、2年間の期間の満了によって、やっと返還を求めることができるのですが、実際に返還を実現するためには「正当な事由」が必要であり、この事由がないと、これまでの契約内容と同一内容で自動的に更新されてしまい、Ａ君は部屋を返す必要はないということになります。

d 「正当な事由」って何？

　正当な事由とは、大家さんが借家人から部屋を返してもらうだけのキチンとした理由です。具体的には、大家さんの自己使用の必要性と借家人の自己使用の必要性を主な判断基準として、賃貸借に関する従前の経過、建物の利用状況、建物の現況、立退料の提供等の事情をふまえて、裁判官が判断します。

　たとえば、大家さんが老齢で生活がきわめて切迫しており、このままでは生活の基礎を失うため、どうしても、自宅として

使うには、その借家が必要であるというような場合が、「大家さんの自己使用の必要性」が肯定される場合です。また、借家人がその部屋（建物）で営業を行っていたところ、その営業のために高額な投資を行い、立ち退いてしまうと借家人の生計が大打撃を受けるような場合には「借家人の自己使用の必要性」が肯定される場合です。

また、耐震性が脆弱であることは、建替えの必要性が高い「建物の現況」として「正当な事由」が肯定される事情となります。特に、平成23年3月11日に発生した東日本大震災の影響で、建物の耐震性の重要性が見直されてきており、耐震性に問題がある場合には、平成23年3月11日以前に比べて、建替えの必要性が認められやすくなっているものと思われます。

よく聞かれる「立退料」というのは、この「正当な事由」を補完する一事情です。ただし、注意を要するのは、立退料は「正当な事由」を補完する要素にすぎず、いくら立退料を積もうとも、他の要素が充足されていない場合には「正当な事由」は認められません。

e 更新って何？

これまでの説明で、何度も「更新」という言葉が出てきました。そこで「更新」とは何かについて説明したいと思います。

「更新」には、2種類あります。大家さんと借家人の合意によってなされるものと法律に従って自動的になされるものです。

(a) **合意更新って？**

まず、大家さんと借家人の合意によってなされるものを「合意更新」（「更新契約」ということもありますが、本章では「合意更新」といいます）といいます。つまり、大家さんと借家人とが、契約期間が満了するにあたり、「更新しましょうね！」と契約を締結する場合が「合意更新」です。

合意更新がなされると、その合意内容が新たな借家契約の内容となります。たとえば、新たな特約が付加されることもありますし、賃料額が変更されることもあります。契約期間についても、「2年間とする」と明確に合意されることもあります。ザックリいうと、合意更新がなされると、新たな借家契約がスタートするということになります。

(b) **法定更新って？**

次に、「法律に従って自動的になされるもの」が、法定更新といわれるものです。法定更新がなされると、これまでの契約内容と同一内容で契約がスタートすることになります。

法定更新は、合意更新と異なり、大家さんも借家人も、期間満了したのに、何もしない場合になされるものです。

(c) **合意更新と法定更新って何が違うの？**

合意更新と法定更新とでは、大きく異なる点があります。それは、期間の定めのない借家契約となるかどうかという点です。

たとえば、合意更新によって契約期間を2年間とすると、その期間の借家契約となります。したがって、その期間は、原則

として、確実に借家を使用し続けることが可能となります。

しかし、合意更新がなされずに、法定更新がなされると、当該借家契約は「期間の定めのない借家契約」となります。したがって、借家人は、いつでも大家さんから解約の申入れを受ける可能性がある状態となります。もっとも、借家を現実に返すには、上述してきたように、「正当な事由」が求められますので、「期間の定めのない借家契約」となっても、直ちに借家人が追い出されるというわけではありません。

f　A君の運命（その1）

以上から、B君の答えは、みなさんも予想がつきますよね？「平成25年2月末日に2年の期間が満了することは間違いないようだね。でも、A君、大家さんから、平成24年2月末日から平成24年8月末日までの間に、『更新しないですよ』ということが書かれた通知書等は届いたかな？　もし、そのような通知がなされていないなら、A君は部屋を返す必要はないよ！　もし、そのような通知が届いていた場合には、後は、A君が退去するのに、正当な事由があるかどうかにかかっている。つまり、その正当な事由を大家さんが証明しない限り、A君は出ていく必要はないんだよ。よかったね！」ということになります。

このように、借家契約の場合、期間を過ぎても返さなくていいというのが法律の原則論ということができます。

g　A君の運命（その2）

念のために、A君の借家契約が、法定更新のなされた借家契

約であった場合についても、B君の回答を載せておきます。

法定更新がなされた場合には、「期間の定めのない借家契約」となるということでしたね。したがって、答えは、「2年間の期間は満了しているけれども、A君の借家契約は期間の定めのない借家契約だね。そのため、大家さんはいつでも立退きを求めることができるけど、問題は、正当な事由があるかどうかにかかっている。つまり、その正当な事由を大家さんが証明しない限り、A君は出ていく必要はないんだよ。よかったね！」ということになります。

なお、A君の借家契約の契約期間が1年未満であっても、これと同じ回答となります。

(2) A君対大家Dさんの戦い（続編）

A君は、B君から素晴らしい話が聞けたことを大喜びして、大家さんのDさんのもとを訪ねて、大声で、上記(1) e でB君から聞いたことを一言一句伝え、いわゆる「ドヤ顔」をしました。

大家さんのDさんは、とても悔しかったのですが、うまく言い返せなかったため、引き下がり、自宅で塞ぎ込んでしまいました。

それから、6カ月が経ちました。

6カ月が経っても、怒りと悔しさが収まらないDさんは、借地借家の分野でとても著名で、正義感溢れ、世のため人のために仕事をすることを無上の喜びとする、E弁護士のもとを訪れ

て、次のような相談をしました。

D「E先生、実は、私が大家をしているアパートで、Aさんという困った借家人がいるんです。6カ月前の期間満了の際にいわれたのですが、『大家のDさんよう。正当事由あるんですか〜？　自分は法律に詳しいんだけど、大家さんが部屋を取り戻すには、正当事由が必要なんですよ！』なんていうんです！　まだ大学生の若造のくせに！　私、それが悔しくて悔しくて！　そんな『正当な事由』なんてあるわけないですよ。

　Aさんは、本当にひどい借主なんです。借家契約書でペット飼育は禁止となっているのに、とても可愛いワンちゃんを飼っているんですよ。他の住人からも苦情が来たので、私、何度も、『可愛いワンちゃんなのはわかりますけど、やめてください！　お隣のFさんは、犬の鳴き声で夜も寝られないそうです！』って何度も申入れをしました。あまりに頭に来て、内容証明付郵便で、『犬の飼育をやめないと、出ていってもらいますよ！』という通知書を送ったこともあります。でも、まったく効果がなくて。むしろ、Aさんは開き直って、『お断りします！　むしろ可愛い犬に癒されています！　ぷっ！（笑）』なんて電子メールを私に送りつけてくる始末。期間満了がいいタイミングだと思って、出ていってもらおうと思ったのに……。E先生、なんとかなりませんか!?」

> E弁護士「Dさん。お気持ちはわかりますけど、落ち着いてください。『急いては事をし損じる』というでしょう？　Dさんは、方法を誤ったんです。契約書をみせてもらえますか？　どれどれ……なるほど。今後とるべき方法はですね……」

　さて、みなさん、E弁護士の立場に立って、Dさんにどのようにアドバイスするべきか考えてみましょう。

　Dさんのいっていることをまとめると、A君がペット飼育禁止であるにもかかわらず、飼育を続け、Dさんが飼育をやめるように求めてもまったく相手にしてもらえないから、期間満了を機に出ていってもらおうとしたということになります。

　たしかに、現時点から6カ月前の期間満了時に、ペット飼育の問題を「正当事由」の一要素にして、借家契約の終了を求めていれば、まだA君の「正当事由」の主張に対抗することができたかもしれません。しかし、すでに、期間満了から6カ月も経ってしまいました。このため、A君の借家契約は法定更新がなされ、従前と同様の契約内容で借家契約が更新されました（ただし、期間については、期間の定めなき借家契約ということになります）。そのため、現時点で、期間満了の問題を持ち出しても「手遅れ」ということになります。

　ところが、Dさんが諦めるのはまだ早い。

　なんと！　債務不履行を理由に借家契約を解除するという方法があります。

a 契約をひっくり返す手段。それこそ債務不履行解除

債務不履行とは、契約で守らなければならないことを破ることをいいます。債務不履行となった場合には、まず、その是正を求め(これを「催告」といいます)、相当期間が経過しても是正されなければ、契約をなかったものとできる、つまり解除することができるということになります。

Dさんの相談をみると、A君の借家契約では、ペットの飼育が禁止されているとのことですね。つまり、A君は、ペットを飼育してはならないのに、犬を飼っていたということになり、債務不履行があるということになります。

そして、Dさんは、A君に対して「何度も、『可愛いワンちゃんなのはわかりますけど、やめてください! お隣のFさんは、犬の鳴き声で夜も寝られないそうです!』って何度も申入れをしました。さらに頭に来て、内容証明付郵便で、『犬の飼育をやめないと、出ていってもらいますよ!』という通知書を送ったことがある」とのことです。つまり、Dさんは、A君に対して、ペット禁止の状態を是正するように求めたということになりますから、「催告」を行ったことになります。

それゆえ、Dさんとしては、債務不履行解除を検討することができます。

b 信頼関係が破壊されていることがさらに必要

もっとも、ただ債務不履行が借家人にあるだけでは、契約をなかったものとはできません(つまり、解除の効力は認められません)。

実は、判例上、債務不履行（約束違反の事実）だけでなく、大家と借家人の信頼関係が破壊されていなければ、債務不履行解除は認められないとされています。

　つまり、Ｄさんは、Ａ君との信頼関係が破壊されていることもいわなければならないということになります。

　では、ＤさんとＡ君の信頼関係は破壊されているといえるでしょうか。

　なお、ここでいう「信頼関係の破壊」とは、客観的にみて「これほどひどい状況ならば、大家さんと借家人との間の信頼しあうという関係は破壊されているでしょう」というレベルのものをいいます。Ｄさんの主観が基準とはなりません。

　ある裁判例によれば、「室内で犬猫等の小動物を飼育させるかどうかについては賃貸人、賃借人双方にとって重要な利害があることは常識の範囲に属するものである」とされています。隣室の人に鳴き声や臭いなどの迷惑をかけたり、室内を汚したり、傷つけたりする可能性のあるペット飼育は、重大な問題を生じさせる可能性があるということです。つまり、ペット飼育が禁止されている借家契約において、ペット飼育をすることは重大な約束違反であるということができると思われます。

　しかも、Ｄさんの話によれば、「Ｆさん」という隣人にも迷惑をかけ、実害が発生しているとされます。そのことをＤさんが再三にわたり、Ａ君に警告しても、Ａ君は「お断りします！むしろ可愛い犬に癒されています！」などと、自らの契約違反については反省するどころか、開き直っています。

こうしてみてみると、大家さんと借家人との信頼関係は破壊されているといってもさしつかえないと思われます。

c A君と大家Dさんの戦いの行方

上記のペット飼育にとどまらず、A君がB君に伝えたところによると、A君は、さらに犬に室内を自由にかじらせているとされます。このような行為は、建物に傷を与えるものです。

借家人は、「借りたものを目的に従ってキチンと使用しなければならない」という用法義務を負っています。この義務に違反することも、債務不履行となりますし、当然、大家さんと借家人の信頼関係にも大きな影響を与えます。

したがって、DさんとA君との間の信頼関係はすでに破壊されているものとして、DさんからA君に対して、債務不履行解除がなされた場合には、裁判所によって認められる可能性が高いものと思われます。

よって、E弁護士としては、次のようにアドバイスするべきでしょう。「ペットの飼育禁止の契約に反している以上、直ちに債務不履行解除の通知書を内容証明付および配達証明付郵便にて送って、A君との借家契約を解除してください」。

(3) とても保護されている借家人

DさんとA君の戦いの原因は、ペット飼育でしたが、それ以外にも、一般的に賃料不払いや無断転貸などが、多くみられる債務不履行です。当然、賃料不払いも、無断転貸も、直ちに解除が認められるわけではなく、上記のような信頼関係が破壊さ

図表4−2　解除のイメージ

れている程度に至ってはじめて解除が認められることとなります。

　このようにみてくると、借家人は、期間満了をしても「正当事由」がないと退去する必要がなく、債務不履行をしても「信頼関係破壊」に至っていないと退去する必要がなく、とても保護されていることがわかります。つまり、借家契約とは、とっても、借家人が保護されている契約であるということができるわけです（図表4−2）。

2 期間が過ぎたら返さなければいけない借家

　Dさんは、ペット飼育の件でA君と対決したところ、無事に、A君が退去するということで解決しました。Dさんは、今回のA君との対決を今後に活かすために、E弁護士に相談に来ました。

> D「E先生。A君との件では、素晴らしいアドバイスありがとうございました。先生のおかげで、私のアパートは平穏を取り戻しました。さすが先生ですね。どことなく、広島カー○の前○健太や柳葉○郎に似ているといわれることありませんか？　私、大ファンになりそうです！　ということで、前回のご相談料、サービスしてくださいね！」
>
> E弁護士「まったく調子がいいですね。で、今日はどのようなご相談ですか？」
>
> D「実は、今回のA君との一件で反省したことがあるんです。部屋を貸して、期間が満了したのに、部屋が戻ってこないのが借家契約なんですね。もし、A君のペット飼育を立証できなければ、出ていってもらうことができませんでした。そこで、今後は、期間が満了したら、困った借家人には必ず出ていってもらう借家契約にしたいと

第4章　期間を過ぎたのに借家を返さなくてもいいの？　109

思っているんです。このようなことはできますでしょうか？」

E弁護士「なるほど。Dさんも成長したようですね。それはですね……」

(1) 期間満了で部屋が返ってくる借家契約？

Dさんの相談は、要するに、期間が満了したら必ず、部屋から出ていってもらう借家契約にすることはできるか、というものです。

ここで上記1の借家契約を思い出してほしいのですが、1年以上の契約期間の借家契約は、その期間満了後、正当な事由がなければ従前の契約が自動更新され、期間の定めのない借家契約は、いつでも大家さんは返還を求めることができるけれども、正当事由がない限り、返還を実現することはできないというものでした。Dさんの相談は、そのような借家契約の期間に関する決まりと矛盾するものです。このような契約が認められるかということが、ここでの問題です。

上記1で説明したように、借家契約の契約期間に関する上記の決まりに反するものは、ある例外を除いて無効となります。

察しのいい方はお気づきでしょうか。その例外が、ここで説明する「定期借家契約」というものです。なお、上記の決まりに基づく正当事由がないと終了させられない借家契約を「普通借家契約」といいます。

(2) 定期借家契約ってなんだ？

　定期借家契約とは、期間の満了によって、正当事由があろうがなかろうが、必ず、終了する借家契約をいいます。

　定期借家契約は、平成11年12月に改正・公布され初めてわが国に導入されました。それまでは、上記の普通借家契約しかなかったため、期間が満了しても、正当な事由がないと部屋は戻ってきませんでした。それゆえ、大家さんは部屋を貸すことを渋り、借家の供給が阻害されることが指摘されてきました。そこで、平成11年12月に、上記のように定期借家契約が導入されるに至りました。

　定期借家契約では、期間は確定期限であれば足り、1カ月でも、30年でもさしつかえありません。定期借家契約では、期間満了によって必ず終了しますから、「更新」はありえません。

　では、借家人は、期間満了によって必ず退去しなければならないのでしょうか。

　そのようなことは少ないものと思われます。特別の支障がない限り、大家さんは、再契約をするでしょう。大家さんとしては、自分のアパートの空室を減らしたいと思うでしょうから、当該借家人によっぽど問題がない限り、再契約に応じるものと思われます。

　したがって、Dさんの要望を満たすのであれば、この定期借家契約を利用すればよいということになります。

　もし、Dさんが、A君との借家契約を定期借家契約にしてい

れば、ペット飼育による債務不履行解除という強制的な手段を用いることは不要でした。2年間の契約期間満了で契約を終了させ、再契約をしなければよかったのです。

(3) 事前説明文書の「作成→交付→説明」義務とはなんぞや

定期借家契約は、借家契約の期間に関する決まりの「例外」ですから、有効に締結するには、一定の手続を経る必要があります。

まず、書面によって賃貸借契約をする必要があります。さらに、事前説明文書を、契約の締結に先立って、契約書とは別に、作成し交付したうえで、口頭で説明する必要があります。

この事前説明文書が非常に重要です。事前説明文書とは、「当該契約が、期間の満了によって終了し、契約の更新がないことを記載した文書」をいいます。大家さんは、契約締結に先立って、契約書とは別に、作成し、交付し、借家人が理解できるようにしっかりと説明をしなければいけません。これらの「作成→交付→説明」義務を一つでも怠ると、定期借家契約は無効となり（正確にいうと、「期間満了によって終了し、契約の更新がないという特約」が無効となり）、普通借家契約となってしまいます。

すなわち、事前説明文書の作成、交付、説明を一つでも怠ると、大家さんも、借家人も定期借家契約であると考えていても、実は、普通借家契約となっていたということもありえると

参考　事前説明文書（借地借家法第38条第2項関係）

〇年〇月〇日

定期賃貸住宅契約についての説明

　　　貸　主（甲）住所
　　　　　　　　　氏名 〇　〇　〇　〇　　印
　　代理人　　　　住所
　　　　　　　　　氏名 〇　〇　〇　〇　　印

　下記住宅について定期建物賃貸借契約を締結するに当たり、借地借家法第38条第2項に基づき、次のとおり説明します。
　下記住宅の賃貸借契約は、更新がなく、期間の満了により賃貸借は終了しますので、期間の満了の日の翌日を始期とする新たな賃貸借契約（再契約）を締結する場合を除き、期間の満了の日までに、下記住宅を明け渡さなければなりません。

記

(1) 住　宅	名　　称			
	所 在 地			
	住戸番号			
(2) 契約期間	始期	年　月　日から	年　月間	
	終期	年　月　日まで		

- -

　上記住宅につきまして、借地借家法第38条第2項に基づく説明を受けました。
　　〇年〇月〇日
　　　　借　主（乙）住所
　　　　　　　　　氏名 〇　〇　〇　〇　　印

（出所）　旧建設省（国土交通省）定期賃貸住宅標準契約書から抜粋

いうことになります。

(4) Ｄさんへの回答

　以上をふまえると、Ｅ弁護士は、Ｄさんに対して、「今回のＡ君のような借家人に期間満了によって必ず出てもらうには、定期借家契約がお勧めです。ただ、定期借家契約は締結にあたり注意をしてくださいね。まず、契約書を必ず作成する必要があります。しかも、契約書とは別個に、かつ、契約締結に先立って、『期間の満了によって終了し、契約の更新がないこと』を記載した文書を作成し、借家人に交付し、Ｄさんが借家人に対して、借家人自身が『この借家契約は期間の満了によって終了し、契約の更新がないこと』を理解できるようにしっかりと説明しなければなりません」と回答することになります。

第 5 章

貸した土地が戻ってこない!?

1 いったん貸したら戻ってこない借地

　首都圏近郊の大地主のAさんが、平成25年1月1日のお正月に、自分の甥で大学生のB君と会った際に、次のような会話をしました。

> A「B君は、法学部の大学生だったわよね。私の相談を聞いてもらえるかしら!?」
> B「いいですよ。僕は自慢じゃないですが、法律が得意なんだ！」
> A「頼もしいわぁ。私のお隣のCさんが住んでいる土地の件なんだけどね。Cさんのお住まいになっている建物はCさんの所有だけど、土地は私の所有地なの。この土地は、もともとは、私のお父さん、つまり、B君のおじいさんのものだったんだけど、50年前の1月8日に、Cさんに地代を支払ってもらい、Cさんの自宅のために使わせてあげることにしたみたいなの。その後、お父さんが亡くなった時、相続人である私と、妹、つまりB君のお母さんと相談して、この土地を私が相続したのよ。
> 　ところが、最近、Dさんという方が私の家に来て、『Cさんの現在の地代の3倍を支払うので、Cさんの土地を自分に使わせてくれないか』というのよ。Dさんっ

て、とってもイケメンなの！　私、イケメンの隣に住みたい！　だから、私、Ｃさんには出ていってもらって、Ｄさんに隣の土地を使ってもらいたいと思うの！　実は、ちょうど７日後の平成25年１月８日に、Ｃさんとの借地契約の期間が満了するのよ。だから、この期間満了を一つの機会として、Ｃさんには出ていってもらいたいと思うんだけど、できるわよね！」

Ｂ「なるほど。期間満了を迎えるわけですね。確認ですが、おばさんがＣさんの土地を返してもらいたい理由は、期間満了ということと、地代をＣさんの３倍払ってくれるイケメンのＤさんの隣に住みたいということですね。いま、Ｃさんはどのように借地を使っていますか？」

Ａ「Ｃさんは、現在、70歳で、バリアフリーが行き届いた建物で悠々自適に独りで過ごしているわぁ。お子様はいないみたいね。私がＣさんに『そろそろ期間満了ですね。移転先はもうお探し？』って聞いたら、Ｃさんに怪訝そうな顔をされたのよ。Ｃさん、立ち退く気がないのかしら……」

Ｂ「おばさん。契約書をみせてもらっていいかな。なるほど。契約書には、『木造の建物所有を目的とする土地の賃貸借契約』とあるね。契約日時もおばさんのいうとおりだ。おばさんが相続したということだから、賃貸人もおばさんでよさそうだね。契約書はこの１枚だけ？」

> A「そうよ。お父さんから聞いたところによると、最初30年間契約でCさんに貸して、その期間が満了した後は、特に契約することもなくそのままだって」
> B「わかったよ。おばさん。そうするとね……」

　B君は、期間満了を目前にした場合について、借地を返してもらえるかという相談をされました。第4章は借家についてお話ししましたが、本章では、期間満了した場合にも借地を返してもらえるかというお話を通じて、借地契約とはどういった契約であるかについて説明をしたいと思います。

　さて、上記のような相談を受けたB君としては、どのように回答するべきでしょうか。

(1) 2種類の土地賃貸借契約
──強い場合と弱い場合

　賃貸借契約については、第4章で説明したように、物を使用させ、または収益させてあげるかわりにお金（賃料）をもらうというものでした。土地の賃貸借契約も同じですね。土地を使わせてあげるかわりに、お金をもらうという契約です。土地を使わせる側を賃貸人（地主）といい、土地を使わせてもらい、お金を支払う側を借地人といいます。B君が相談を受けた上記ケースでは、Aさんが地主で、借地人がCさんということになります。

　さて、Aさんの相談内容によれば、契約期間が満了するとの

ことです。契約期間が満了すれば、貸した物は返してもらうのが、本来、当然です。ただ、第4章でも説明したように、賃貸借契約の目的物が「家（建物）」であれば、期間満了となっても原則として、返す必要はありませんでした。では、土地はどうでしょうか。

　実は、土地の場合はケースを分けて考える必要があります。

　すなわち、単に更地を貸しただけの場合は、期間満了によって、原則として終了します。これが民法の定めです。しかし、その土地の賃貸借が「建物の所有を目的とする」場合には、なんと、借地借家法によって、借地人の借地権にはとても強い保護が与えられることとなります。

　Aさんの相談内容によれば、Cさんは、50年前にAさんのお父さん（B君のおじいさん）から、自宅に使うために借りたということですので、明らかに「建物の所有を目的とする」土地賃貸借契約であるということができます（この場合を「借地契約」と呼び、賃借人の権利を「借地権」ということになります）。したがって、Cさんの借地権には、非常に強い保護が与えられることになります。

　ところで、Cさんの借地契約の目的が「ゴルフ練習場として使用すること」であった場合はどうでしょうか。実は、この場合には最高裁判所の判例があり、「建物所有目的ではない」とされています。つまり、もし、Cさんの借地契約の目的が「ゴルフ練習場としての使用」である場合には、期間満了によって原則として終了ということになります。

(2) 「建物所有目的」の借地契約の存続期間とは？

Cさんの借地権には非常に強い保護が与えられていることが判明しました。そして、この「非常に強い保護」とは、存続期間に対する定めと期間満了後の法定更新のことを指します。

「法定更新」の詳細については、後述しますが、ここでは、期間が満了したにもかかわらず、原則として、契約は終了しないで、これまでと同じ契約内容で更新がなされるものと考えていただければ結構です。

さて、ここでは、「建物所有目的」の借地契約の存続期間について、法律はどのような定めを置いているかについて説明したいと思います。

ここからが非常に込み入った話になってきますので、注意してください。

a 「建物所有目的」の借地契約がいつなされたかで適用される法律が違う！

借地借家法が平成4年に施行される前は、借地法という法律がありました。この借地法を、現在の借地借家法と区別するために、「旧借地法」と呼びます。

まず、平成4年8月1日よりも前に、「建物所有目的」の借地契約が締結された場合には、旧借地法という法律が適用されます。同日以降に締結された場合には、借地借家法が適用されます。

なお、下記(a)(b)はかなりこまごまとしているので、図表5－1を参照しながらお読みいただければと思います。

b　旧借地法での存続期間の定め

旧借地法が適用された場合、①その借地契約が堅固建物の所有目的か非堅固建物の所有目的かという観点、そして、②当初の契約か更新を経たかどうかという観点によって存続期間に対する定めが変わってきます。なお、堅固建物とは、石造、土造、煉瓦造またはこれに類する堅固の建物をいいます。堅固建物か非堅固建物かどうかの判断はむずかしいところがありますが、一般に、建物の耐久性や堅牢性を具備していて、石造、土造、煉瓦造以上の耐久性や堅牢性を備えているかどうかから判断されます。

(a)　当初の契約の場合

当初の契約（つまり、一回も更新を経ていない契約）において、契約期間の合意をした場合において、堅固建物の所有を目的とするときは、必ず、30年以上の存続期間としなければならず、非堅固建物の所有を目的とする場合には20年以上としなければなりません。もし、それ未満の期間の合意をすると、その合意は無効となり、結果として、「期間の定めのない借地契約」となり、堅固建物の所有を目的とするときは、60年の存続期間、非堅固建物の所有を目的とするときは、30年の存続期間となることに注意が必要です。

図表5-1　借地契約の期間のまとめツリー

Ⅰ　旧借地法が適用される場合：平成4年8月1日よりも前に、「建物所有目的」の借地契約が締結された場合

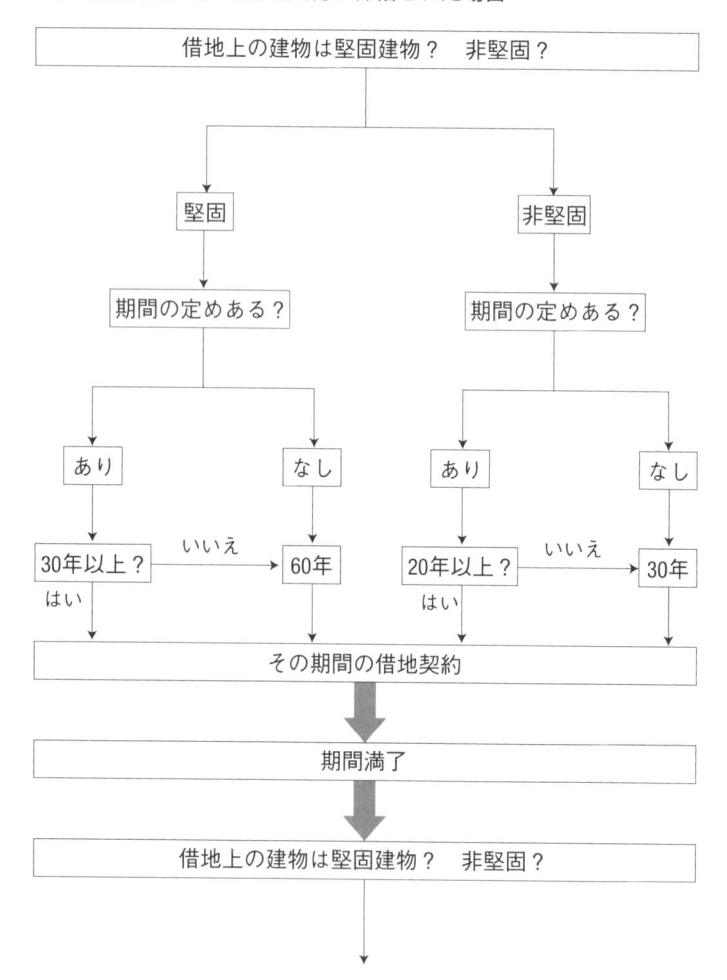

```
┌─────────────────────────────────────────┐
│  借地上の建物は堅固建物？　非堅固？      │
└─────────────────────────────────────────┘
          │                    │
       ┌──┴──┐             ┌──┴──┐
       │ 堅固 │             │非堅固│
       └──┬──┘             └──┬──┘
          │                    │
   ┌──────┴──────┐      ┌──────┴──────┐
   │期間の定めある？│    │期間の定めある？│
   └──────┬──────┘      └──────┬──────┘
       ┌──┴──┐             ┌──┴──┐
       あり　なし           あり　なし
        │    │               │    │
  ┌─────┴┐ ┌┴──┐       ┌─────┴┐ ┌┴──┐
  │30年以上？│→│60年│     │20年以上？│→│30年│
  └─────┬┘いいえ└──┘     └─────┬┘いいえ└──┘
      はい                    はい
```

┌───┐
│　　　　その期間の借地契約　　　　　　　　│
└───┘
                    ⬇
┌───┐
│　　　　　　　期間満了　　　　　　　　　　│
└───┘
                    ⬇
┌───┐
│ 借地上の建物は堅固建物？　非堅固？   │
└───┘
                    │
                    ↓

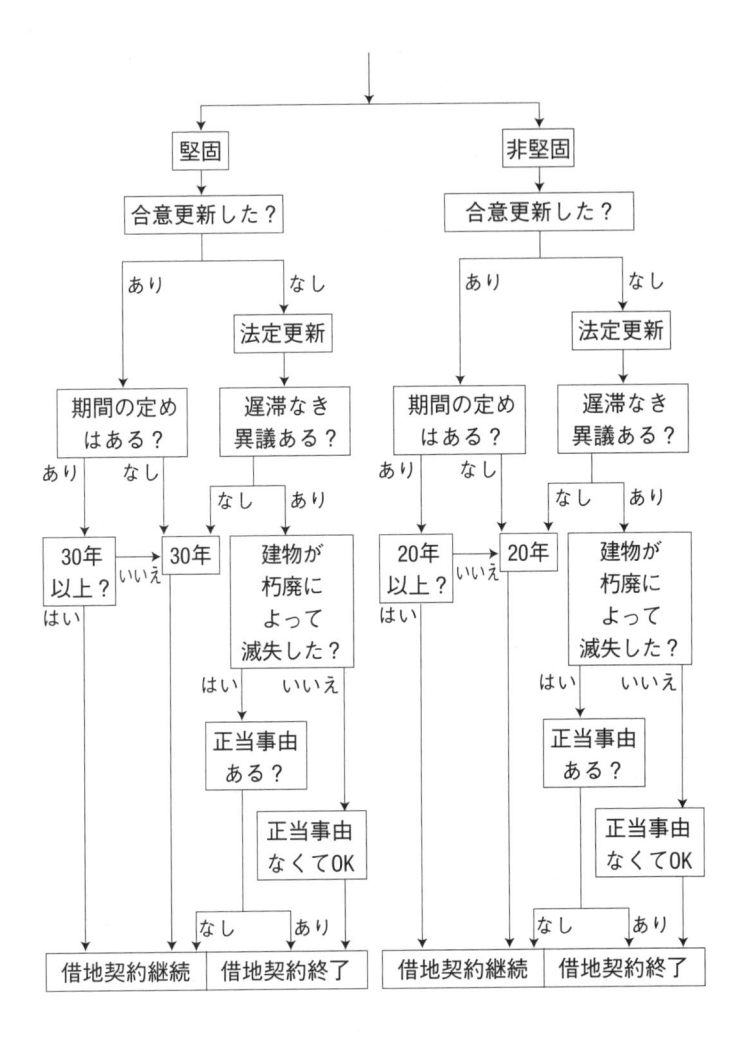

```
                          │
          ┌───────────────┴───────────────┐
        ┌─┴─┐                           ┌──┴──┐
        │堅固│                           │非堅固│
        └─┬─┘                           └──┬──┘
    ┌─────┴─────┐                   ┌─────┴─────┐
    │合意更新した？│                   │合意更新した？│
    └─────┬─────┘                   └─────┬─────┘
     あり  │  なし                    あり  │  なし
    ┌─────┤                         ┌─────┤
    │     │                         │     │
    │  ┌──┴──┐                      │  ┌──┴──┐
    │  │法定更新│                     │  │法定更新│
    │  └──┬──┘                      │  └──┬──┘
┌───┴───┐ ┌─┴────────┐          ┌───┴───┐ ┌─┴────────┐
│期間の定め│ │遅滞なき    │          │期間の定め│ │遅滞なき    │
│はある？ │ │異議ある？  │          │はある？ │ │異議ある？  │
└─┬───┬─┘ └─┬──────┬─┘         └─┬───┬─┘ └─┬──────┬─┘
あり なし   なし    あり          あり なし   なし    あり
```

堅固側：
- 30年以上？
  - はい → 借地契約継続
  - いいえ → 30年
- 建物が朽廃によって滅失した？
  - はい → 正当事由ある？
    - なし → 借地契約継続
    - あり → 借地契約終了
  - いいえ → 正当事由なくてOK → 借地契約終了

非堅固側：
- 20年以上？
  - はい → 借地契約継続
  - いいえ → 20年
- 建物が朽廃によって滅失した？
  - はい → 正当事由ある？
    - なし → 借地契約継続
    - あり → 借地契約終了
  - いいえ → 正当事由なくてOK → 借地契約終了

(b) 一度でも更新がなされた場合

次の(ア)(イ)のように、更新について合意がなされたかどうかによって場合分けをする必要があります。なお、更新請求による更新ということもあるのですが、更新合意と同じことですので、更新合意だけの説明に絞ります。

ア　更新合意があるとき

まず、地主と借地人が更新について合意をした場合において、当該借地契約が堅固建物の所有を目的とするときは、必ず30年以上としなければならず、非堅固建物の所有を目的とするときは、必ず20年以上としなければなりません。もし、それ未満の期間の合意をすると、その合意は無効となり、結果として、「期間の定めのない借地契約」となり、堅固建物の所有を目的とするときは、30年の存続期間、非堅固建物の所有を目的とするときは、20年の存続期間となります。

イ　更新合意がないとき

地主と借地人が更新についてなんの合意もせずに、借地人が土地の使用を継続した場合には、当該借地契約が、堅固建物の所有を目的とするときは、30年の存続期間、非堅固建物の所有を目的とするときは、20年の存続期間となります。

c　借地借家法の定め

平成4年8月1日以降の借地契約の場合には、現在の借地借家法が適用されることとなります。旧借地法が適用されないため、堅固建物かどうかという区別が不要となり、当初の契約か更新を経たかどうかという観点によって存続期間に対する定め

図表5-2 借地契約の期間のまとめツリー

Ⅱ 借地借家法が適用される場合：平成4年8月1日以降に、「建物所有目的」の借地契約が締結された場合

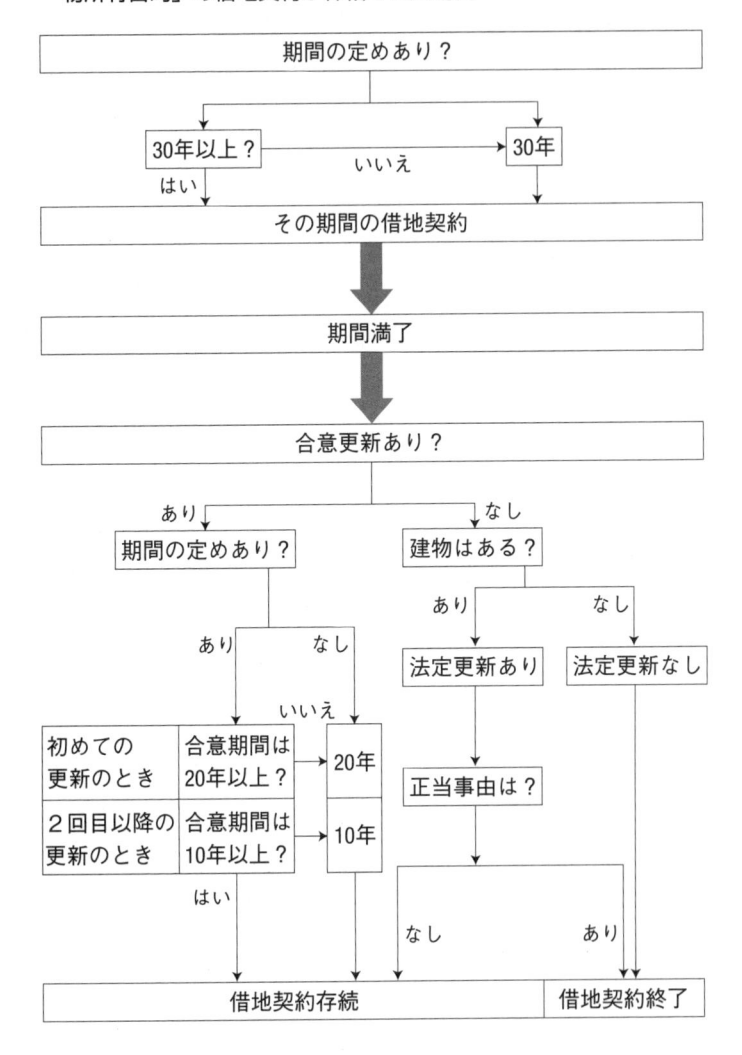

```
                    期間の定めあり？
                          │
              ┌───────────┴───────────┐
         30年以上？  ──いいえ──→   30年
              │はい
              ↓
          その期間の借地契約
              │
              ↓
           期間満了
              │
              ↓
          合意更新あり？
        ┌────┴────┐
       あり        なし
        │          │
   期間の定めあり？  建物はある？
    ┌──┴──┐      ┌──┴──┐
   あり   なし    あり    なし
                   │      │
              法定更新あり 法定更新なし
                   │
               正当事由は？
```

初めての更新のとき	合意期間は20年以上？	20年
2回目以降の更新のとき	合意期間は10年以上？	10年

はい → 借地契約存続

正当事由 なし → 借地契約存続
正当事由 あり → 借地契約終了
法定更新なし → 借地契約終了

第5章 貸した土地が戻ってこない!?

が変わるだけです（図表5-2）。

(a) 当初の契約の場合

契約期間は必ず30年以上でなければなりません。それ未満の合意をすると、「期間の定めがない」ものとされます。そして、借地借家法によって、「期間の定めのない」借地契約の存続期間は、強制的に30年とされてしまいます。

(b) 一度でも更新がなされたとき

このときも、更新の合意があるかどうかによって分かれます。なお、借地借家法でも、更新請求による更新ということもありますが、更新合意と同じことですので、更新合意だけの説明に絞ります。

ア　更新合意があるとき

まず、最初の更新の場合には、存続期間を20年以上としなければならず、2回目以降の更新の場合には、存続期間を10年以上としなければなりません。もし、それ未満の合意とすると、最初の更新の場合には、存続期間は20年となり、2回目以降の更新の場合には、存続期間が10年となってしまいます。

イ　更新合意がないとき

地主と借地人が更新についてなんの合意もせずに、借地人が土地の使用を継続した場合には、最初の更新のときは、20年の存続期間、2回目以降の更新のときは、10年の存続期間となります。

d　上記の定めに関して借地人に不利な合意の運命

「建物所有目的」の借地権は、「非常に強い権利」であるた

め、上記の存続期間の定めに反する合意をした場合には、一定の例外を除いて、その合意はすべて無効となります。

e Cさんの場合

さて、Cさんの借地権の場合は、上記の(a)(b)のどちらに当たるでしょうか。本当に、平成25年1月8日でCさんの借地権の存続期間が満了するのかどうかを確かめるためには、この問題を考える必要があります。

まず、AさんとB君の会話が平成25年1月1日のお正月です。そして、Aさんがいうには、Cさんは50年前の昭和38年1月8日に、Aさんのお父さんから土地を借りたとのことです。昭和38年1月8日は、平成4年8月1日よりも前のことですから、CさんとAさんのお父さんが締結した借地契約には旧借地法が適用されます（上記a）。それゆえ、存続期間の定めについては、Cさんの自宅が堅固建物か、非堅固建物かどうかによって決まります。

Cさんの借地契約は「木造の建物所有」とのことです。「木造」では、石造、土造、煉瓦造以上の耐久性や堅牢性を備えているとはいえないでしょう。したがって、Cさんの自宅は「非堅固建物」ということができます。

Aさんがいうには、「最初30年間の契約でCさんに貸して、その期間が満了した後は、特に契約することもなくそのまま」とのことです。非堅固建物の当初の存続期間は、合意があるときは最低でも20年ですので、「30年」としたことはなんらさしつかえありません。そして、「特に契約することもなくそのま

ま」ということですから、合意更新をすることもなかったと考えられますから、最初の更新における借地権の存続期間は20年となります。

以上をまとめると、次のようになります。

---

① 昭和38年1月8日……契約締結
② 平成5年1月8日……①の契約の存続期間である30年が満了
　同時に、最初の更新
③ 平成25年1月8日……②の最初の更新による20年が満了

このようにみると、Cさんの借地権は平成25年1月8日に期間満了するということで正しいこととなります。

(3) 正当な事由の再登場と「法定更新」

では、Aさんは、平成25年1月8日の期間満了を理由に、借地契約を終了させることができるのでしょうか。

期間が満了した「建物所有目的」の借地契約を終了するには、期間満了後、遅れることなく、「これ以上は使ってはいけません！」という異議を述べる必要があります。これを「遅滞なき異議」といいます。

では、Aさんは、Cさんに「遅滞なき異議」を述べることによって、それだけで土地を返してもらえるのでしょうか。

答えは「ノー」です。「遅滞なき異議」に加えて、土地を返してもらうことについて「正当な事由」が必要となります。

　そして、「遅滞なき異議」と「正当な事由」の両方がないと、法律上、当然に借地契約がこれまでの契約内容と同内容で更新されることになります。これを「法定更新」といいます。

　「正当な事由」の有無は、地主の土地の自己使用の必要性、借地人の自己使用の必要性を軸に、借地に関する従前の経過、土地の利用状況などを客観的に考慮して検討されます。「客観的」というのは要するに、地主が自分の内心でどれだけ当該借地が必要だと思っていてもダメで、常識的にみて、地主が当該借地を必要としている理由がもっともかどうかということです。また、「立退料」についても、第4章で説明したように、あくまでも「正当な事由」を補完するものにすぎないため、上記の「正当な事由」を支える事情が相当程度認められなければ、「立退料」をいくら積んでも「正当な事由」ありとは認められません。

　特に、「建物所有目的」の借地契約では、借地契約が終了した場合、借地上の建物の収去ということもありうるため借地人に対する影響が甚大です。そのため、「正当な事由」がありとされることは非常にハードルが高いといえます。特に、裁判例の傾向をふまえると、地主の生活に当該借地が不可欠でないのに対し、借地人にとっては当該借地が生活の本拠地となっている場合には、まず、「正当な事由」があるとは認められません。

　では、Aさんの相談を検討してみましょう。

結論からすると、「お話にならない」となります。

すなわち、Ｃさんは70歳という高齢で、バリアフリーが行き届いた借地上の自宅で独り暮らし、身寄りもないということです。他方で、Ａさんは、イケメンのＤさんがＣさんの地代の3倍の地代を支払うということだけが理由で、Ｃさんの借地がＡさん自身の生活にとって不可欠というものでもないようです。

したがって、Ａさんの相談のケースでは、正当な事由がまったくないため、当該借地を返してもらうことは非常にむずかしいといえるでしょう。

(4) Ｂ君の回答

以上をふまえると、Ｂ君は、次のように回答することになります。

「おばさん。気持ちはわかるけど、まったく無理だよ。Ｃさんの借地権は、『非堅固建物の所有を目的』とするから、たしかに、平成5年1月8日で当初の契約期間が満了して、同日から法定更新された結果、その日から20年間の存続期間となるから、平成25年1月8日に期間満了だね。けれども、おばさん。借地を返してもらうだけの『正当な事由』がまったくないよ。Ｃさんは生活の本拠であるのに対し、おばさんの場合、イケメンのＤさんの隣で過ごしたいだけで、とるに足らない理由だよ。だから、諦めたほうがいいと思うよ。借地は、いったん貸したら返ってこないと考えたほうがいいよ。だから、まさに『グッバイ！　私の土地』だね！」

＜ちょっと考えてみよう！　その１＞

　以上が結論ですが、ちょっと考えてみましょう。

　Ｃさんの借地は、もともとは、Ａさんのお父さんのものだったようです。そのため、借地契約を締結した時点では、賃貸人（地主）はＡさんのお父さん、借地人はＣさんでよいということになります。では、Ａさんのお父さんが亡くなったことで、賃貸人（地主）の地位はどうなるのでしょうか。

　賃貸人（地主）の地位を相続人全員が当然に引き継ぐことになります。これを、「賃貸人の地位を相続人全員が準共有をしている」ということがあります。したがって、Ａさんのお父さんの相続人である、ＡさんとＢ君のお母さんが、Ｃさんの賃貸人ということになりそうです。そうなると、Ａさんは、Ｂ君のお母さんに相談することなく、Ｃさんから借地を返してもらうことはできないようにも思えます。

　しかし、Ａさんの話をふまえると、Ａさんだけでもまったく問題ないのです。それはなぜでしょうか。みなさん、考えてみましょう。ヒントは、Ａさんの発言にあります。

＜ちょっと考えてみよう！　その２＞
借地権の資産的価値と立退料額の関係について考察する
1　借地権の資産的価値

　以上で説明したように、借地権は「正当な事由」と法定更新によって半永久的に地主に戻ってきません。半永久的な権利であるとすると、そこに資産的価値が見出されます。そうすると、地価の継続的上昇によって生じる土地の値上り益は、大半が借地人に帰属することになります。たとえば、相続税路線価というものがあります。相続税路線価とは、国税庁が毎年発表しているものですが、要するに、不動産の相続税の算定にあたって基礎となる不動産の価額です。相続税路線価図には、その路線価と借地権割合というものが記載されています。借地権割合は、当該土地の更地価格における借地権の有する価値の割合という意味です。

　相続税路線価図の借地権割合をみると、多くの土地が7割とされていることがわかります。つまり、当該土地の更地価格の7割の価値を占めているのが借地権であるということになります。残りの3割は底地価格ということになります。

　このように借地権価格が7割と非常に高くなっているのは、上記で説明したとおり、借地権が半永久的な権利であって、資産的価値を有していることを反映しているものと

いえるでしょう。

2　立退料額

　立退料額と借地権の資産的価値を説明するにあたり、まずは、借地を返してもらうことの意味を考えてみます。「借地を返してもらう」とは、借地権を消滅させてもらうということです。つまり、上記のような資産的価値を有する借地権を放棄してくれといっていることに等しいわけです。

　借地人から「借地を返すかわりに、立退料を支払ってほしい」といわれるように、立退料の支払が求められることがあります。立退料とは、要するに、上記の資産的価値を有する借地権を放棄するのだから、それを補償するものとも言い換えることができます。そのため、借地の立退料額は、当該土地の更地価格に近接した価額にのぼることもあり、非常に高額となることが多いといえます。

2 キチンと戻ってくる借地

　B君からDさんの隣に住むことができないことを告げられたAさんは、熱血漢で、知的で、B君よりもイケメンなE弁護士に質問にいきました。

> A「E先生。こういうことを私の甥にいわれたんですよ！　本当にがっかりしました。Dさんの近くで住めないなんて！　でも、E先生。おかしくないですか？　『貸したものは返してもらう』のが常識ですよね。でも、借地の場合だと、『正当な事由』がないと返してもらえないなんて！　法律はひどすぎます！　そう思いませんか!?」
>
> E弁護士「Aさん。お気持ちはわかりますが、Cさんの気持ちになって考えてみれば、長年生活してきた土地を突然追い出されるというのも釈然としないんではないですか？　まぁ、それでも、これまでの借地法は、借地人保護が過剰であったことは確かかもしれませんね。結局、借地を返してもらうには、よっぽどの事情か、高額な立退料を支払わねばならないのが現状です。ところが、現在は、キチンと戻ってくる借地があるんですよ」
>
> A「え！　本当ですか!?　それはどういう借地ですか!?　後学のために、教えてもらえませんか!?　実は、私、C

> さんの土地以外にも更地の土地をもっているんですが、最近、自動車の販売のために、その土地を借りることはできないかって勧誘が、自動車の販売店から来ているんです。車のディスプレイをするために、建物を建てたいといってきているので、『建物所有目的』になると思うので、いったん貸したら戻ってこなくなりますよね。それだったら、その勧誘も断っちゃおうかなって思ってたんです。20年間ぐらいがちょうどいいんだけどなぁ」
> E弁護士「なるほど。Aさん。そういう場合には、いまから説明する借地権を使えばいいんですよ……」

　建物所有目的の借地契約の場合には、正当な事由がない限り、戻ってこないことを説明しました。しかも、いったん更新すると、初回の更新によって20年、2回目の更新から10年なので、半永久的に借地は戻ってきません。しかし、「建物所有目的」であっても、必ず、戻ってくる借地契約が存在します。ここでは、Aさんの不安を解消することができる、「必ず戻ってくる借地契約」について説明したいと思います。

(1) 定期借地契約とはなんだろう？

　「必ず戻ってくる」ということは、「更新がない」ということです。みなさんのなかには、このように考える人もいるのではないでしょうか。「更新のために借地が戻ってこないんだったら、特約で『更新がない』と合意してしまえばいいんじゃない

か?」。しかし、上述したように、存続期間に関する定めで借地人にとって不利な合意は無効とされるのが原則です(このような定めのことを「強行法規」といいます)。もっとも、原則には例外が存在します。

そして、その例外こそ、「定期借地権」です。

定期借地権とは、一定の期間満了によって、「正当な事由」の有無に関係なく、また、法定更新することなく、当然に消滅する借地権をいいます。更新もありません。

(2) 定期借地権のメリット

定期借地権は、正当な事由の有無にかかわりなく、法定更新されずに消滅するため、半永久的に戻ることのなかった借地が地主さんに戻ってきます。この点に最大のメリットがありますが、実は、税務上も、経済的にも、地主さんには非常に多くのメリットがあるといわれています。

① たとえば、土地を持て余している地主さんが、当該土地を定期借地権で賃貸し、その借地人がその土地を住宅用地として使用すれば、固定資産税および都市計画税につき、以下のような軽減がなされます。

科目	土地の面積	特例率(上限)	備考
固定資産税(土地)	200㎡以下	6分の1	小規模住宅用地
	200㎡を超えるもの	3分の1	その他の住宅用地
都市計画税	200㎡以下	3分の1	小規模住宅用地
	200㎡を超えるもの	3分の2	その他の住宅用地

② さらには、契約時に保証金、権利金、前受地代などの一時金を得ることも可能となるので、土地を売却することなく資金調達が可能となります。
③ 相続税対策としても有効で、土地の評価額が圧縮されることで、節税面の効果が大きく、また遺産を分割したり、相続税を納税するための対策にも効果を発揮します。
④ また、「借地」ですから、貸家経営のような空室の問題や中途解約（入退去）が少なく、長期にわたり継続する安定経営・安定収入が実現します。

以上、代表的なメリットを数点あげましたが、定期借地権には、普通借地権にはなかったメリットが数多く存在するといえます。

(3) 定期借地権のメニュー

さて、このように多くのメリットがある定期借地権には、①一般定期借地権、②事業用定期借地権（事業用借地権）、③建物譲渡特約付借地権の３種類があります。むずかしそうな名前ですが、むずかしく考える必要はありません。どれも、一定期間の経過によって終了する借地権という点では共通しているからです。ただ、どういう場合に有効に成立するかで違いがあるにすぎません。そこで、以下、①②の定期借地権について説明したいと思います。③の建物譲渡特約付借地権については、ほとんど利用されず、かなり特殊な借地権であるためここでの説明は省略します。

なお、定期借地権と区別する意味で、法定更新のある借地権を「普通借地権」ということがありますので、以下でも、普通借地権という言葉を適宜使用したいと思います。

a　一般定期借地権とはなんだろう？

　一般定期借地権は簡単です。存続期間を50年以上として、契約の更新および建物築造による存続期間の延長がないことが明記された契約書を作成すれば、「更新がなくて終了する」借地権のできあがりです。簡単でしょう？

　ポイントは、存続期間を50年以上としなければならない点にあります。もし、存続期間を50年未満とすると、「契約の更新および建物築造による存続期間の延長がない」との合意が無効になります。

　しかも、一般定期借地権については、「建物買取請求権」を排除する特約も有効となります。建物買取請求権について説明しますと、借地権の存続期間が満了した場合において、更新がされないときに、借地人が地主に対して、「借地上の建物を買い取れ！」として強制的に建物を時価で買い取らせることができる権利をいいます。一般定期借地権でない、法定更新のある普通借地権が期間満了によって消滅するときは、借地人は「建物買取請求権」を行使して、借地上の建物を時価で地主に買い取らせることができます。もちろん、普通借地契約において、建物買取請求権を排除する特約を締結しても、それは無効となります。そのため、一般定期借地権を利用することで、建物買取請求権をはじめて排除することができるようになります。そ

の結果、借地人が建物を収去し、土地を更地にするなどの原状回復をして返還することになります。

b 事業用定期借地権（事業用借地権）を詳しく知ろう

(a) What is 事業用定期借地権（事業用借地権）？

「専ら事業の用に供する建物（居住の用に供するものを除く）」の所有を目的として、存続期間を10年以上50年未満とする借地契約を公正証書で締結する場合には、契約の更新および建物の築造による存続期間の延長がなく、借地人の建物買取請求権を排除する借地契約を締結することができます。これを事業用定期借地権（事業用借地権）といいます。

簡単にいうと、「専ら事業の用に供する建物（居住の用に供するものを除く）」のための借地契約については、存続期間を10年以上50年未満の範囲内で決定することができ（たとえば、30年でもいいですし、15年でも問題ないということです）、その期間で必ず返してもらえるようにすることができるということです。

(b) 「専ら事業の用に供する建物（居住の用に供するものを除く）」とはどういう建物？

注意するのは、「専ら事業の用に供する建物（居住の用に供するものを除く）」とはどういった建物かということです。万が一にも、「専ら事業の用に供する建物」以外の建物所有目的としてしまうと、存続期間に関する合意が無効となってしまうため、この意味については厳密に把握しておく必要があります。

まず、「事業の用に供する建物」についてですが、営利収益を目的とする活動のために使用する建物（なお、公益的・公共

的な目的をもつ活動も含むとされています）をいいます。具体的には、一般的な事務所や店舗、工場、作業場、倉庫、料理店、百貨店等です。

そして、「専ら」とは、一部を事業用に用い、一部を居住用に用いることはできないという意味です。建物全体を事業用に使わなければなりません。

次に、「居住の用に供するものを除く」の意味ですが、これは、要するに、居住用に使用することがたとえ事業の一部であったとしても、ダメですよということです。たとえば、アパート経営は、アパート賃貸という賃貸事業の一環といえますが、アパート自体が「居住用」の建物ですから、事業用定期借地権（事業用借地権）の対象となりません。また、事業用の建物であっても、その一部に「管理人室」などのような、従業員のための住居をつくってはなりません。つまり、人の起臥寝食ができる部屋を設けることがダメなのです。

(c) ま と め

以上をまとめると、営業収益を目的とする活動をするための建物を所有する目的であれば、存続期間を10年以上50年未満として借地権を設定することができることとなります。なお、事業用定期借地権（事業用借地権）は公正証書にて締結する必要がある点には注意が必要です。一般定期借地権はただの書面でかまいませんでしたが、事業用定期借地権（事業用借地権）は公正証書にて締結しなければ、無効となってしまいます。

(4) Aさんへの回答

　以上をふまえると、どのような借地権をAさんに提案すべきか、もうわかりましたよね。

　Aさんの希望は、まず、借地権を絶対に返してもらいたいと考えていることからすると、期間満了によって終了するには「正当な事由」と法定更新のある普通借地契約はとりえません。次に、20年ほどで返してもらいたいといっているので、「存続期間を50年以上」としなければならない一般定期借地権もとりえません。

　そこで、事業用定期借地権（事業用借地権）が検討されるべきですが、Aさんの相談内容は、事業用定期借地権（事業用借地権）の要件を満たすでしょうか。

　Aさんによれば、「自動車の販売のために、その土地を借りることはできないかって勧誘が、自動車の販売店から来ているんです。車のディスプレイをするために、建物を建てたいといってきている」とのことですから、明らかに、自動車販売のための事務所または店舗ということになります。したがって、その建物内部に従業員のための住居（たとえば、起臥寝食の可能な管理人室等の部屋）をつくらないのであれば、「専ら事業の用に供する建物（居住の用に供するものを除く）」といえるでしょう。

　よって、E弁護士の回答は、「事業用定期借地権（事業用借地権）という借地権があります。この借地権であれば、存続期間を20年として、20年後に必ず返還を受けることが可能となり

ます。しかも、借地人は自動車の販売会社ということですから、当該会社が傾かない限り、継続的かつ確実に賃料を取得することができますので、事業用定期借地権（事業用借地権）を使用することをお勧めします。ただし注意してもらいたいのは、必ず、公正証書で締結してくださいね。建物全体が事業のために使用されるものでなければなりません。そうでないと、存続期間を20年とする合意が無効となってしまいます」。

＜ちょっと考えてみよう！　その３＞
定期借地権と所有権

　定期借地権の地主さんへのメリットについては、上記したとおりですが、実は、定期借地権は、公益的にも街づくりに多大な貢献をすることができるといわれています。

　これは所有権との比較をすればよくわかります。

　たとえば、ある地区内の建物が、土地所有権に基づくものとした場合、その地区で建物を所有する者は、都市計画法や建築基準法等の行政法規による規制を受けるものの、原則として、自分の好きなデザインや外装の建物を建てることができます。建物は和風であっても、西洋風であっても結構ですし、壁を何色に塗っても問題ないでしょう。これは建物が自分のものだからです。そのため、当該地区の景観美観を統一することは非常にむずかしいでしょう。地区協定というものが締結されることがありますが、これを締結するかどうかは各所有者の任意であり、締結につき強制力はありません。

　他方、定期借地権で広大な土地を事業者に賃貸するという場合を考えてみます。定期借地権は「所有権」ではありませんから、地主と借地人となる事業者間の契約によって、定期借地上にどういった建物を建てるか等の土地利用の方法についても決めることができます。その結果、定期借地による住宅地開発においては、たとえば、中央に住民

が交流することのできる広場を設け、その周りを樹木で囲み、借地上の建物は西洋風のものに限り、色彩は青を基調としたものに統一するといったことも可能です。要するに、一定の方向性に統一させた街づくりも可能であるということです。

　このように定期借地権は「街づくり」という点でも大きな貢献をすることができるといえます。

第6章

賃貸借建物と震災

平成23年3月11日午後2時46分18秒、宮城県牡鹿半島の東南東沖約130kmの海底を震源とする東北地方太平洋沖地震が発生しました。マグニチュード9.0という、日本周辺における観測史上最大の地震が引き起こした東日本大震災によって、多くの方の尊い命や貴重な財産が失われました。

　津波によって家や車が流され、そこに住む人々の生活がいちどきに奪い去られるようすは、日本国民はもちろん、全世界の人々に衝撃と、深い悲しみをもたらしました。その映像は、いまなお、みる者の心を強く締めつけます。

　震災はきわめて広い範囲で建物に影響を与えました。ある建物は完全に崩壊し、またある建物は壁が傾き、天井に大きなヒビが入り、住み続けることが困難になりました。そして、直接目にみえる被害がなかった建物においても、耐久性が衰えたり、使用に支障が生じたりしていることが多くあります。

　地震大国ともいわれるわが国で生活する以上、地震や津波という天災から逃れることは、残念ながら困難です。専門家たちは、新たな大地震の発生リスクが依然として日本各地において高いことを指摘し、警鐘を鳴らしています。私たちは、どこに住んでいても、「次は自分が被災するのではないか」という不安を抱え続けざるをえません。

　そんななか、私たちの生活の礎である住宅が震災によってどのような影響を受けるのか、また、どのように備えておくべきかについて、国民全体の関心が高まっています。

　本章では、東日本大震災が「衣食住」の中心となる住宅、な

かでも賃貸借建物に対して与えた影響を法的な観点から振り返り、さらに、今後目を向けるべき法律上の問題について、事例をふまえて解説します。

1 震災からしばらくして

(1) 賃貸人からの相談

事例①

　私はアパートを賃貸していましたが、もともと条件がよくなかったことに加え、地震で壁にヒビ割れができたりしているせいか、空室が埋まりません。普通に住むのに問題はないと思いますが、見た目のせいでしょうか。

　住んでもらっている人には申し訳ないのですが、契約期間の

途中でも、契約は終了ということにして出ていってもらい、アパートを建て替えるか、いっそのこと駐車場にでもしてしまおうかと思っています。

そういうことは、できるのでしょうか。

【解説】

契約期間中に賃貸借契約を一方的に終了させることは、基本的にはできません。

建物が大規模に損壊して、もはや居住し続けることができなくなったような場合には賃貸借契約は当然に終了しますが、ヒビ割れができた程度では、契約は終了しません。

もちろん、立退料の支払などの交渉がまとまり、契約期間中でも解約することについて賃借人と合意することができれば、いつでも契約を終了させることができます。

また、契約期間の途中ではなく、契約期間が満了した時であっても、契約を更新しなければならないことが多くあります。いわゆる普通借家契約と定期借家契約の違いについて、詳しくは第4章で説明したとおりですが、普通借家契約の場合、原則として契約を更新しなければなりません。建物の損傷の度合いは、更新を拒絶するための正当事由の要素として考慮される場合がありますが、壁のヒビ割れという程度では、居住者や通行人に直ちに危険が及ぶというほどのものではない以上、あまり重視はされないと考えられます。ですから、結論としては、壁にヒビ割れができたぐらいでは正当事由と認められず、契約更新を拒絶することはむずかしいでしょう。

事例②

　私が賃貸している物件に一人で住んでいるご老人が、震災で家を失った息子さんの家族4人を一緒に住まわせたいといってきました。賃貸借契約書には同居禁止という条項がありましたが、被災されたとのことで気の毒に思い、次の家が見つかるまでの間であればかまわない、とお返事しました。
　ところが、震災から1年以上が経ったのに、息子さんの家族とはまだ同居を続けているようすで、生活音の問題やゴミ出しのルールを守らないという問題のほか、そもそも契約で禁止されているのに同居しているということで、高齢で一人暮らしを

されている方のような、他の賃借人からの苦情が増えてきています。

　不景気で仕事が見つからず、息子さんの家族の引越しのメドが立たないということで、同居をやめてくれる気配もありませんが、そろそろ出ていってもらいたいと思っています。

　一度は同居を許してしまいましたが、契約違反を理由に、ご老人に出ていってもらうことはできないのでしょうか。

【解　説】

　契約違反を理由に、賃貸借契約を解除することは可能です。賃借人にそのことを説明して、同居している家族だけに引っ越してもらうこともできるかもしれません。

　賃貸借契約を賃貸人の側から一方的に終了させるためには、賃借人の契約違反と、その契約違反が重大であることが必要とされます。どのくらい重大な契約違反が必要かというと、賃貸人と賃借人の信頼関係が破壊された、といえる程度のもので、たとえば賃料滞納でしたら３カ月分くらいは必要となります。１カ月分でも賃料を滞納すれば、もちろん契約違反には当たります。しかし、賃貸借契約は長期間にわたって継続することがもともと予定されている契約類型ですから、形式上は契約違反があっても、実質的にみてお互いの信頼関係が破壊されたとまではいえないのであれば、契約を終了させないほうがよい、という価値判断に基づいているのです。

　さて、今回の問題は、そもそも同居が契約違反に当たるのか、という点にあります。賃貸借契約書には同居禁止の条項が

ありますが、そもそもなぜこのような同居禁止の条項が入れられたのでしょう。契約内容をどのように決めるかは、公序良俗に反しない限り契約当事者の自由ですから、理由は想像するしかありませんが、おそらく、大人数で生活すると建物内部の損傷が激しくなるからとか、高齢者や一人暮らしの入居者ばかりが集まることで静かな生活環境を保ちたいからとか、そのような理由だと思われます。

今回、賃貸人は一度口頭で同居を許可していますから、少なくとも、同居を許可してからしばらくの間は、同居が契約違反になることはありません。

では、震災から1年以上が経ったのに同居を続けていることは、契約違反に当たるでしょうか。もともとの契約期間やその地方の経済状況にもよりますが、1年以上という同居期間は、「次の家が見つかるまで」という当初の約束に反して長すぎる、と考えるのが普通でしょう。ただし、息子さんの家族の同居を賃貸人が知っていたにもかかわらず、これまで文句をいってこなかったのであれば、黙認したと受け止められても仕方がありません。

賃貸人としては、賃借人に対して正式に同居の打ち切りを求め、一定期間内に同居をやめないのであれば、賃貸借契約を終了させるということを通知するべきでしょう（これを法律上「催告」といいます）。通知をしたにもかかわらず、息子さんの家族が同居をやめずに住み続けているようであれば、賃貸借契約を終了させたうえ、法的手続によって出ていってもらうこと

も検討しなければなりません。

> **事例③**

　地震でアパートの壁に大きなヒビが入り、家全体が少し傾いているようにもみえます。老朽化の進んだ物件ですし、また大きな地震が来たときに取りかえしのつかないことになっては困りますので、住んでいる方には出ていってもらって、取り壊そうと思っています。

　しかし、ある居住者の方が「大丈夫、万が一のことがあっても自己責任で、大家さんには責任を負ってもらわなくてかまわないから」といって、立退きに応じてくれません。

　どうしたらよいのでしょうか。

【解説】
ア　まずは、立退料の支払など、条件を提示して、立ち退いてくれるかどうか交渉しましょう。

賃貸人と賃借人の当事者双方が合意できることがいちばんスマートですから、立退料の支払や立退き時期などの条件を提示してみて、合意できるところを探すことになります。

そのとき重要になるのが、建物の危険性を客観的な資料に基づいて示すことです。大丈夫、大丈夫といって聞く耳をもたない方の多くは、危険性を十分に理解していないと思われます。耐震診断を実施して、その結果を示して交渉すれば、賃借人の態度も変わるかもしれません。

イ　交渉がまとまらない場合であっても、賃貸借契約を終了させることができるのであれば、契約を終了させたうえで立退きを求め、応じてくれない場合には法的手続をとることも検討しましょう。

賃貸借契約を契約期間中に終了させる合意がまとまらなかったとしても、定期借家契約であれば契約期間の満了により当然に、普通借家契約であっても期間の満了の時に契約の更新を拒絶する正当事由が認められれば、契約を終了させることができます。

契約期間満了が近いようであれば、その時期を待って、賃貸借契約を終了させることも検討しましょう。

普通借家契約の契約更新を拒絶するための正当事由の判断においては、建物の危険性が高いことは重要な判断要素となりま

す。建物の危険性の高さを客観的な資料に基づいて証明するためには、やはり耐震診断の実施が必要となるでしょう。

ウ　賃貸借契約を終了させることができない場合には、免責の合意を書面に残しておきましょう。

契約期間満了がかなり遠いとか、普通借家契約の更新を拒絶するための正当事由が認められないなどの事情で、賃貸借契約を終了させることができない場合には、賃借人にすぐに出ていってもらうことは、残念ながらむずかしいことになります。

しかし、天災はいつ襲ってくるかわかりませんし、先の震災でボロボロになった建物が、ささいなきっかけで大きく損壊し、危険を生じさせる可能性もあります。

賃借人との間で、このまま居住を続けて当該建物に起因する損害が生じたとしても、賃貸人はいっさいの責任を負わないとする合意をして、書面に残しておきましょう。後日、賃借人から損害賠償を請求されて裁判等を起こされた場合、賃貸人が本当にいっさいの責任を負わずにすむかどうかは場合によって異なるので、絶対に確実とはいえませんが、そのような書面が残っていれば、少なくとも賃貸人の責任や損害賠償の金額を引き下げる効果は期待できます。

もちろん、賃貸人と賃借人との間でどのような合意をしようとも、たとえば建物が崩れて通行人にケガを負わせてしまったような場合には、賃貸人が責任を負うことがある点には注意が必要です。

(2) 賃借人からの相談

事例①

　私の住んでいる賃貸マンションは、新しかったためか、震災でも目立った被害はありませんでした。しかし、近所に住んでいた方々に、顔をあわせるたびに嫌味をいわれるようになってしまいました。

　「みんなが震災で苦労しているのに、自分だけ楽をして」とか、「協力して節電しているのに、オール電化の家に住むなんて」とか、言いがかりであることはわかっているのですが、何人もの方にそのような嫌味をいわれて、とても辛い思いをし、とうとううつ病であると診断されてしまいました。どうやら近所の方々が住んでいた家は、震災で大きな被害を受け、引越しを余儀なくされてしまったようなので、気の毒といえばそのとおりなのですが……。

　幸いこの土地にとどまっていなければならない理由はないため、日々嫌味をいわれて病状を悪化させるくらいなら、遠くへ引っ越してしまおうかと考えています。お医者さんにも、そのように勧められています。

　まだ契約期間は1年以上残っているのですが、契約を終了させることはできますか。

【解説】

　契約期間が残っている場合に、一方的に契約を終了させるこ

とは、基本的にはむずかしいです。

　賃貸借契約を締結することにより、賃貸人と賃借人は双方とも義務を負います。賃貸人の義務は建物を使用・収益させること、賃借人の義務は賃料を支払うことが中心となりますが、その他にも、契約期間中、それぞれの地位にとどまり続けなければならないという義務も、契約の内容に含まれています。つまり、契約期間が満了して契約が終了するまでは、契約関係から一方的に離脱することは、基本的にはできないのです（これを、賃貸借契約においては契約期間中の一方的な意思表示による「中途解約」は原則として許されない、と表現することがあります）。

　契約を終了させることができるかどうか、まずは賃貸人と交渉することになるでしょう。賃貸人としては、新たな賃借人が見つかり、賃料収入のあてがあるのであれば、そこまで難色を

示さないかもしれません。そのため、契約終了の時期を少し先、たとえば3カ月先、などとすることで、お互いが次の契約相手を見つけることができるようにすることも考えられます。

なお、今回の賃貸借契約が、定期借家契約であれば、賃借人からの一方的な中途解約が可能な場合があります。居住用建物の賃貸借契約で、床面積が200㎡未満の建物であれば、転勤、療養、親族の介護等の事情によって、賃借人が建物を生活の本拠として使用することがむずかしくなったときに、解約を申し入れてから1カ月後に賃貸借契約を終了させることができると法律で定められているのです。今回、賃借人はうつ病にかかってしまい、医師から療養のための転居を勧められているわけですから、床面積の要件を満たせば、中途解約ができる可能性があります。

事例②

もともとあった古民家に、新しくつくった居住部分をつなげて増築した一軒家を借りて住んでいたのですが、地震で古民家の部分が崩れ、使えなくなってしまいました。

幸いなことに家族にはケガもなく、増築した新しい居住部分には大きな損害もありませんでした。復興のためにこの土地でがんばっていきたいと考えているので、家を出ていくつもりはありません。

大家さんも、崩れた古民家部分の撤去費用は負担するといっ

てくれているのですが、私としては、これまでと同じ賃料を支払うことに納得がいきません。使える部分が減ってしまった分だけ、賃料も下げるのが当たり前だと思うのですが、おかしいでしょうか。

【解説】

崩れてしまった古民家の部分に応じた賃料の減額を請求することができます。

民法では、賃借物の一部が賃借人の過失によらずに滅失した場合には、その滅失した割合に応じて、賃料の減額を請求することができると定められています。古民家部分が崩れ、撤去されてしまうのであれば、滅失に当たることは間違いありません。また、滅失の原因は地震という天災ですから、賃借人の過

失によるものではありません。

　崩れてしまった古民家の床面積の割合に応じて、賃料の減額を請求することになると思います。

事例③

　私の住んでいる賃貸アパートは、地震で壁にいくつもヒビが入りましたが、それ以外に大きな損傷はないようにみえます。

　しかし、アパートの目の前の駐車場は液状化の名残でボコボコに波打ったままですし、近くの電柱は傾いています。部屋の床が少し傾いているような気がしますし、上の階で騒がれたときの揺れがひどくなっているようにも感じます。外付けの階段があるのですが、ネジ留めが外れてしまっているところもあります。同じアパートの他の住民の方も、みなさん同じようなことを口にしています。

　このあたりはどこの物件も満室で、引越しのあてもありませんし、立地は気に入っているので、できればこのまま住み続けたいのですが、万が一のことがあってはと心配でなりません。

　近くの小学校では、耐震補強工事が実施されたと聞いています。見た目は不格好にも思えますが、安全・安心が第一だと思います。私のアパートにも、耐震補強工事をしてもらうことはできないのでしょうか。

【解説】

　アパートの危険性を立証できれば、耐震補強工事をしてもら

える可能性があります。

　賃貸人には、賃貸物の使用・収益に必要な修繕をする義務があります。アパートに目にみえない損傷が生じていて、普通に使用することができない程度の危険性があることを立証できれば、耐震補強による修繕を請求することができるでしょう。

　問題は、どのように危険性を立証するかということですが、まずは耐震診断を受けることを検討すべきです。もっとも、耐震診断には費用がかかりますし、アパートの賃借人が単独ですることはむずかしい場合もあります。賃貸人に対して耐震診断の実施の請求ができるかどうかについては、後で解説します。

2 震災に乗じたトラブル

事例

あるとき消防署員を名乗る方から電話があって、私が所有する賃貸アパートの一つが震災でひどい損傷を受けており、いつ倒壊してもおかしくないといわれました。たしかに、築数十年になる古いアパートですから、震災の影響を心配していたところでした。しかし、修理業者の知り合いもおらず、建設業界は人手不足からなかなか工事を引き受けてもらえないという状況

で、しばらく困っておりました。

　ちょうどその数日後、補助金を受けているとかで安く修理をすることができるという修理業者の訪問を受けたのです。渡りに船、と喜んで依頼してしまいました。修理の日程はまだ先なのですが、友人に「詐欺かもしれないから、気をつけたほうがいいよ」といわれてしまい、悩んでいます。

　詐欺だったら契約は取りやめたいのです。どうしたらよいでしょうか。

【解説】

　クーリングオフによる契約の解除、消費者契約法による取消し、詐欺や錯誤を理由とする取消しを検討することになります。

　ただし、クーリングオフは、契約書を受け取ってから8日以内にしか契約の解除ができないという制限があります。

　また、業者側も、詐欺や錯誤を理由とする取消しを簡単にされないような説明をしていると思われます。

　詐欺、あるいは詐欺まがいの商法は、人の心の隙につけこむものです。震災に乗じた詐欺を許すことはできませんが、契約をする際には、その内容をしっかり確認することが大切です。また、複数の業者から見積りをとるなどして、代金が妥当であるかどうかも確かめましょう。代金が高すぎるとか、どう考えても安すぎるとかの場合には、詐欺の可能性がありますから、契約はしないほうがよいでしょう。代金があまりにも安すぎる場合にも注意が必要です。修理の当日になって、あれもこれも

と追加させられ、結局非常に高額の修理代金を請求されてしまう可能性があるからです。

　今回の事例では、業者の訪問の直前に、消防署員を名乗る者からの電話があったことも、判断を鈍らせる要因となっています。自治体や公務所等を名乗る者からの連絡に対しては、身分証の提示を求めるとか、連絡先を聞くなどして、特に慎重に対応をする必要があるでしょう。

　建物賃貸借とは直接関係がありませんが、不要・高額な修繕工事を押しつける詐欺のほかにも、水質汚染を理由とする浄水器の高額販売や、公的団体の名を騙る災害義捐金・募金詐欺、また、金銭的に困窮した方をねらって「当面の生活費や家屋の修繕費を貸すから、先に返済保証金を入金してくれ」と持ちかける保証金詐欺など、多くの悪徳商法がいまなおはびこっています。これら悪徳商法の手口は昔からあるものも多いのですが、普段であれば騙されない人であっても、震災で不安が高まっていることにつけこまれ、被害にあってしまうことが多いようです。怪しいと思ったら、冷静な判断をするためにも、一度信頼できるだれかに相談したほうがよいでしょう。

3 震災に備える

(1) 耐震構造の開示請求ができるか

a 契約前の建物に対する開示の請求

　新しく賃貸借契約を結び、住む家を替えようとするとき、その家の安全性はだれしも気になるところです。

　今回の震災では、耐震構造をもつ建物とそうでない建物とで、損壊状況に大きな差があったとテレビ等で放送されていた影響もあり、賃貸借契約を結ぼうとしている建物の耐震構造について、契約前に知ることができるかどうかは、賃借人にとって重大な関心事となっています。

　この点について、賃借人が、賃貸人に対して、耐震構造についての情報開示を求めることができることを直接規定した法律は、いまのところありません。

　もっとも、賃貸人がいわゆる不動産業者であるか、不動産業者が契約の仲介をしている場合には、当該建物が耐震診断を受けていれば、賃貸借契約締結の際の重要事項説明において、当該耐震診断の内容を説明しなければならないと定められています。ただし、昭和56年6月1日以降に新築工事が始められた建物については、説明義務がありません。また、当該建物が耐震診断を受けていなかったとしても、耐震診断を受けることまで

強制的に求めることはできません。

　賃貸人が住宅性能表示制度を利用して、住宅性能評価を受けている場合には、賃借人からの求めに応じて、これを開示してくれることがあるかもしれませんが、あくまでも任意（「任意」とは、「強制」の反対の意味です。するかしないか、自分で自由に決めるということです）の開示となることに注意が必要です。

b　契約中の建物に対する開示の請求

　契約中の建物について、賃借人から賃貸人に対して、耐震構造の開示請求をすることはできません。交渉のうえ、あくまでも任意の開示を求めることになります。

(2)　耐震診断の実施請求ができるか

　現在賃借している建物の安全性に不安があることを理由として、賃借人から賃貸人に対して、耐震診断の実施を請求することは、基本的にはできません。

　もちろん、賃貸人が任意に耐震診断を実施し、その結果を開示してくれることはあると思います。賃貸人にとっても、建物の安全性は気になります。万が一の事故が起こった場合には責任を負うことになりかねないからです。

　また、賃借人が普段の生活を送っているなかで、たとえば明らかに柱が傾いているとか、床がゆがんでいるとか、危険性が高いことが明らかになっているような場合であれば、賃貸人が賃借人に建物を安全に使用・収益させる義務を果たしていないとして、賃貸人に対する修繕請求をすることができる可能性が

あります。

　賃貸人が修繕請求に任意に応じなければ、裁判等で請求していくことになりますが、賃貸人の側は、建物が安全であることを理由として、修繕義務がないことを主張することになるでしょう。建物の安全性の立証のために、賃貸人が耐震診断を実施することはあると思われます。この場合、耐震診断そのものにかかる費用は、賃貸人が負担することになります。しかし、裁判を起こしたり、弁護士に支払ったりする費用は、賃借人の負担となります。

(3) 液状化対策はできているか

　地震の際の振動によって、砂地盤が液体状になる現象を液状化といいます。どんなに堅固な建物であっても、地盤が液状化してしまえば、傾いたり、ゆがんだりするおそれがあります。

　特に、東日本大震災では世界最大ともいわれる液状化被害が発生していますから、今後は耐震構造のみならず、液状化対策も重要となってきます。

　しかし、残念なことに、現時点で液状化対策を義務づける法律上の根拠はありません。

　震災ハザードマップに倣い、液状化ハザードマップの作成を義務化することや、建物の耐震診断の義務化の方向性があることにかんがみ、土地についての液状化診断を義務化すること、また、地震保険について強制保険の導入を図ることなどの対策をとることが、今後必要とされるものと思われます。

また、震災を含めて想定外の事態が起きたときの対応を迅速に行うためには、緊急事態に対応し、問題点を迅速に洗い出して分析し、立法提言等をすみやかに行う常設の研究機関を制度として創設することも、検討すべきでしょう。

第7章

マンションを買っていいの!?

1 劣化するマンション

　平成25年に自民党政権のもとで円安が進んだ結果、土地について公示価格が底入れしたともいわれ、投資マネーも不動産市場に戻りつつあります。わが国全体として景気が回復しつつある（ように思える）からこそ、「マンションを買おうか」と感じる方も多いかもしれません。

　ただ、購入の前に少し立ち止まり、マンションについての法制度を知っておいたほうがいいでしょう。

　現在の法律では、マンションが老朽化した際にマンションを建て替えようとしても、ハードルがなかなか高いものとなっています。マンションが老朽化した際に必要な建替えができなければ、資産価値は下落し、優良な買い手もつかないでしょうから（外国においては、老朽化したマンションをわざわざ購入するのは低所得者層といわれています）、次第にマンションは劣化します。

　家族との明るい未来を描いて決して安くはない頭金と厳しいローンを組んでマンションの一室を購入したのに、マンションはボロボロに老朽化し、居住者は低所得者層のみ、あなたとあなたの家族は不安におびえる……。そんな未来もありえなくはないのです。

　本章では、マンションを買ったとしても、将来マンションを

思うように建て替えることはできないかもしれない、だから、いまマンションオーナーになることについては慎重かつ十分に検討してください、というお話をしましょう。

2 建替えは苦難の道のり……「5分の4の壁」

　現在、法律上のルールでは、マンションを建て替える場合、マンションオーナーで集会を開き、集会において区分所有者および議決権の各5分の4以上による多数での建替え決議が必要とされています（区分所有法62条）。

　ここでは、説明のためのシンプルな事案として、全戸数が200、1戸1オーナーであり、複数の居室を所有しているオーナーはいない、というマンションを想定します。要するに、200世帯が住んでいる、純粋な居住用の大型マンションです（事例を簡単にするため、各居室（専有部分）の床面積は等しいものとします）。

　このマンションで建替え決議をするには、先ほどの条文によると、5分の4、つまり160戸以上のオーナーが賛成する必要があります。

　なお、マンション建替えをする場合、手続が簡便であること等から、「マンション建替え円滑化法」という法律を使い「組合」をつくることもあります。「組合」というと、一般的には「労働組合」などのイメージが浮かぶかもしれません。「労働組合」の場合、会社側や国側は「労働組合」を交渉の相手と扱い、社員や公務員一人ひとりを交渉相手とはしません。このように、「組合」というのは、個々の人間ではなく、人の集まり

を株式会社と同じように法律上の主体と認める場合、と考えてください。

先ほどの事例で、200戸のうち160戸のオーナーが建替えに賛成した場合、この160戸のオーナーのさらに4分の3以上の賛成（つまり120戸以上）を得ることにより、「組合」をつくります。この「組合」が主体となって、マンション建替えをするのです。

みなさんがマンションの一室を所有している（あるいは一室を借りて住んでいる）として、隣の人がどんな人か、ご存じでしょうか。建替えについて、よく知らない他人と何度も話合いの機会をもちたいと思うでしょうか。また、人の考え方はさまざまですから、「お金がかかるくらいなら、建替えなんてしなくてよい」と考える人も当然います。「200戸のうち160戸の賛成を得る」と言うのは簡単ですが、現実に5分の4以上の賛成を得ようとすると、かなりの困難を伴うでしょう。

また、マンション建替えには、大変な労力と時間が必要となります。マンション建替え円滑化法による組合を設立する場面を例にとると、はじめに、少数の建替え希望者によって発案がなされます。発案者は、他のマンションオーナーへの説明会を実施する必要があります。

発案者は、説明会を数度にわたって開催し、事業協力者となるディベロッパーを選びながら、①新たに建築する建物の設計の概要（用途、構造材料、階数、建築面積、延べ床面積、各専有部分の配置、床面積等。詳細な設計内容までは示す必要はありませ

ん）、②取壊し、再築にかかる費用の概算、③費用の分担などについて他のオーナーの理解を得ながら、5分の4の賛成を得る建替え決議までたどりつかなければなりません。

　また、建替え組合を設立する場合、都道府県知事に設立認可の申請をしたり、建替え組合のメンバー（組合員）で話合いをして「新しいマンションの何号室をだれがとるか」などを定める計画（権利変換計画）を作成しなければなりません。ただ、「新しいマンションでは前より上の階に行きたい」とか、「今度は角部屋がいい」といった、いろいろな意見が出ますから、計画を決めるのは大変な労力を必要とします。また、計画を実現するには、工事中の仮住まいを近くに借りる必要もあるでしょう。

3 建替えは金持ちだけの手段!?

　また、手続的な要件が厳格であることもさることながら、建替えに必要になる資金の問題も見過ごせません。建替え前のマンションが3階建てだったとして、次の3つのケースを考えてみましょう。

　まず、1つ目のケース。このマンションは、建替え前は3階建てでしたが、総合設計制度という制度の適用を受けることで、容積率の緩和が可能となり、14階建ての建物を建築できることになったとします。

　容積率とか、総合設計制度とか、少し聞きなれない言葉が出てきたので、説明しましょう。容積率というのは、ある土地にどれだけの床面積をもつ建物を建てることができるかという割合のことをいい、建築基準法（指定が必要な場合は都市計画法）により、居住用の地域は何パーセントとか、商業地域は何パーセントとか、あらかじめ地域ごとに決まっています。

　次に、総合設計制度というのは、建物の周辺に公開の空き地を確保することで容積率を緩和する制度のことです。具体例をあげると、赤坂サカス、金刀比羅宮に隣接して建てられた虎ノ門琴平タワー、八重洲にあるパシフィックセンチュリープレイス丸の内（いずれも東京都）などが、この総合設計制度を利用

したものとなります。

　赤坂サカスというのは、TBS（㈱東京放送ホールディングス）が本社ビルを建て替える際、ディベロッパーの三井不動産と協力して行った再開発事業です。TBSは、TBS放送センターに隣接して１万㎡もの広大な土地を所有していましたから、敷地に余裕がありました。そこで、広場をつくってこれを一般に公開することを条件に、容積率の緩和措置を受け、立派な本社を含む複合施設を建築しました。赤坂サカスには、サカス広場という空間があり、観光スポットになっていますが、あの広場を設けることが、総合設計制度の申請をするうえでの必須条件だったわけです。

　さて、ケースに戻ります。１つ目のケースでは、居住用の地域であったので、容積率が200パーセントと指定されており、その結果、かつて３階建てのマンションが建てられたのだとします。ただ、建替えをする際は、敷地の広さを利用して総合設計制度を利用でき、その結果、容積率が500パーセントまで緩和され、14階建ての高層マンションを新築できたとします。そうすると、旧オーナーに新しい居室を割り当てたとしても、残る居室（保留床、といったりします）がありますから、これを第三者に売却して、建築の費用をまかなえます。このようなケースの場合、資金面での問題がある程度緩和されることになります。

　次に、１つ目のケースの亜種として、２つ目のケースです

が、この３階建ての建物が、そもそも法律上の容積率を使い切っていない建物だった場合を説明します。建築年度が古い建物にありがちですが、そもそも容積率を使い切っていないので、建て替える際には容積率をギリギリまで使い切るマンションを建てることができます。

なお、この場合、ディベロッパーと協力して、「等価交換方式」という方式を使うことが多かったといわれます。「等価交換」というと難解な響きですが、中身は簡単なので、具体例で説明しましょう（図表７－１）。

この３階建ての建物はとても古く、雨もりがしたり耐久性も心配なので、マンションオーナーたちは建て替えたいと考えているのですが、オーナーにはお金がありませんでした。このよ

図表７－１　等価交換のイメージ

うな場合に、「等価交換方式」を使えば、お金がなくても、新しいマンションに住み替えることができます。まるで夢のような話ですが、このような方式は多くとられてきました。

枠組みを説明します。旧マンションオーナーが、敷地である土地をオーナー全員で共有していたとします。旧マンションオーナーは、土地について、ディベロッパーに対する定期借地権を設定します。定期借地権というのは、50年なら50年と、契約で決めた一定の期間が過ぎれば必ず返ってくる借地権のことをいいます。要するに、オーナーは、ディベロッパーに対して、長い期間、土地を貸すのです。

ディベロッパーは、土地を借りる権利を得ましたから、その土地上に新しいマンションを建築して、新マンションの居室を分譲します。

旧マンションのオーナーはどうなるのかというと、ディベロッパーから新マンションの居室を買います。ただ、買うといっても、代金は支払う必要はありません。

先ほど、マンションオーナーが土地をディベロッパーに貸すと説明しました。そうすると、借主であるディベロッパーは、本来は土地を借りる対価（地代）をオーナーに支払わなければなりません。しかし、「等価交換方式」においては、地代の前払い分と新マンションの居室を等しい価値で交換します。等しい価値で交換したことにするので、マンションオーナーは、あらためて新マンションの居室に関して代金を支払う必要がなく、また、特に税金もかからないのです。

マンションオーナーからすると、新マンションの建築資金を自ら出さないにもかかわらず、土地を貸すだけで、価値が上昇した新しいマンションの居室をもらえることになります。

ただし、この「等価交換方式」を用いたケースには、一つの必須条件があります。それは、そもそも法律上の容積率を使い切っていないという条件です。わが国では人口の増加や建築技術の発展等に伴い、建築年度が新しいほど、つまり新しいマンションであればあるほど、容積率をギリギリまで使った建築となっています。ですから、容積率があまっている建物というのは、基本的にはかなり古い建物であることが多いのです。そのため、この「等価交換方式」は、建築年度が比較的新しい建物には適用がむずかしいのではないかと思われます。

ただし、1つ目のケースで紹介した総合設計制度を用いるなど、容積率の緩和措置を受けた場合は、建築年度にかかわらず、「等価交換方式」を用いることができます。

次に、3つ目のケース。事例を変えて、このマンションがいわゆる既存不適格建築物であったとします。既存不適格建築物というのは、建築基準法の施行や改正の前から存在している建物で、しかも法律が施行された後や改正後に要求する基準に達しないことになってしまった建物のことです（いわゆる欠陥住宅や違法住宅ではありません。あくまで適法な建物です）。設例の4階建てのマンションが建てられた後、建築基準法の改正により、容積率、斜線制限、または日影規制といった各種規制が厳

しくなり、4階建てのマンションは建てられず、新築するマンションは3階建てとせざるをえなくなったとします。そうすると、先ほどの事例と異なり、余剰の居室を第三者に売却して建築費用に回すということは不可能ですから、オーナーは建築費用として多額の資金を準備する必要があります。

　いずれにせよ、建替えをするにはある程度まとまった資金の準備が不可欠です。オーナーにもいろいろな考えをもつ方がいますから、建替え合意者の多くが十分な資金を準備することはむずかしいでしょう。このような資金面での問題も、建替えを困難とする一因となります。

　さて、マンションが老朽化したのに建替えができない場合、オーナーは何を考えるでしょうか。住み続けるのは嫌ですから、「安くてもいいから、売りたい」と考える人が出てくるでしょう。そうすると、老朽化したマンション、下落した価値に見合う買い手（つまり、低所得者層）が登場し、そのマンションの居室を購入します。彼らには余剰の資金がなく、わざわざ老朽化したマンションにおける居住を望んだわけですから、オーナーが変更したとしても、建替え決議が成立する可能性は高まりません。このように、老朽マンションは劣化の一途をたどることになります。

4 改革の始まりは阪神淡路大震災

　わが国でマンション建替え問題が本格的に議論されるようになったのは、いまからさかのぼること約20年前の平成7年1月17日に起きた、阪神淡路大震災をきっかけとしてでした。阪神淡路大震災では、老朽化した木造住宅が全壊・半壊し、多数の死者が出ました（約10万5000棟の住宅が全壊、約15万棟の住宅が半壊し、6434人の方が亡くなりました）。また、比較的堅固な構造をしているマンションも被災しましたから（約2500棟）、死傷者の救助やライフラインの復旧作業が落ち着いた頃、居住者は毀損したマンションの復旧や建替えといった対応をする必要がありました。

　ここで、マンション建替えや復旧を実現する際に障害となったのが、当時の法律上のルールでした。当時の区分所有法（いわゆる「マンション法」）では、マンションを建て替えようとする場合、マンションオーナーの集会で特別多数決議（5分の4以上の賛成）を得るほか、「建物の価額その他の事情に照らし、建物がその効用を維持し、又は回復するのに過分の費用を要するに至る場合」という要件（旧区分所有法62条1項、過分性要件）を満たす必要があったのです。

　「カブンセイヨウケン」というと少しむずかしいですが、建物を補修して元どおりかそれ以上の価値をもつ建物にしようと

すると、高すぎる費用がかかる場合、といった意味合いだと理解してください。具体例で説明しましょう。

マンションが被災して、壁・柱・コンクリートスラブに多数のヒビ割れが生じたとします。マンションを建て替えるか補修工事をするかで、住民の意見が割れたとします。双方は工事業者に見積りをとりましたが、建替えをするには35億円必要で、他方、補修工事をするのには34億円が必要であったとします。

この事例だと、建替えをする費用と補修をする費用とでそれほどの差がなく、補修をするくらいなら、いっそ建て替えたほうが経済合理性に適います。このような場合、過分性要件を満たすので、建替えが認められることになります。

それでは、35億円と34億円というわかりやすい事例ではなく、建替え費用が35億円であるのに対し、補修費用が14億円であったらどうでしょうか。この場合、補修費用は建替え費用の半分にも満たないのですが、補修に「過分の費用」が必要であるといえるのでしょうか。「過分の費用」という言葉は曖昧模糊としていて、どのような場合を想定しているのか、はっきりとはわかりません。そのため、「過分」かどうかをめぐって裁判になったケースもありました（神戸地判平11・6・21判タ1035号254頁）。

震災により迅速な対応をしなければならないのに、建替えが可能か否かについての法律上のルールが不明確だと、迅速な解決は望めません。そのため、法律の改正がなされ、現在の区分所有法では、過分性要件は撤廃されました。また、迅速円滑に

建替えを進めるために、平成14年、マンション建替え円滑化法が施行されています。

ただ、「5分の4の壁」は改正や撤廃されることなく、いまだに残されています。

5 どうして取壊しできない!?

　記憶に新しい平成23年3月11日の東日本大震災の折にも、建替えの要件が厳格にすぎる点がクローズアップされました。

　東日本大震災の際には、建て替えるというレベルではないほどダメージを負い、いまにも倒壊するのではないかという危険なマンションが多数生じました。そのため、当然のことながら、すぐに取壊しをしよう、という声があがりました。ただ、この際にも壁となったのが法律上のルールでした。

　わが国でマンションに関するルールを定めた法律を区分所有法といいますが、この区分所有法には、マンションを単に「取り壊す」場合を定めた規定がありません。そこで、私法の一般的ルールを定めた民法という法律に戻って、「取壊し」の要件等を考える必要があります。

　マンションというのは、居室ごとに所有者がいて、全居室（専有部分といいます）とエレベーター・廊下など全員が使用する部分（共用部分といいます）を合わせて一つのマンションと呼びます。

　みなさんが自分の服を捨てようか迷っているとき、他人が勝手に捨てたり破ったりもっていったりしたら、怒りますね。その他人には、不法行為責任や、窃盗罪や器物損壊罪といった犯罪が成立します。

マンションも同じで、他人の物は勝手に壊せません。他人の居室（専有部分）はその居室のオーナーの所有に属しているので、他のオーナー全員が合意していたとしても、勝手には壊せません。また、エレベーター・廊下など（共用部分）は全オーナーで共有しているので、全オーナーの合意がない限り壊せません。

このように、私法の一般的ルールに戻って考えると、被災したマンションを取り壊す場合、マンションオーナー全員の同意に基づいて取壊しを行う必要があることになります。

ただ、ここで問題となるのは、全員の同意を取り付けるのは、非常に困難だということです。被災したマンションの場合、オーナーが行方不明だったり、亡くなったことが確認されていたり、あるいは意識不明で病院で寝ているかもしれません。このような場合、全員の合意はとれませんから、取壊しはできないわけです。また、オーナー全員が無事生存していて、意思表示ができる状態にあっても、「このマンションには30年住んでいて、亡くなった妻との思い出が詰まっている。どうしても壊したくない」という人も出てくるかもしれません。この場合にも、取壊しはできません。

このような問題点は、実は阪神淡路大震災のときから議論されていて、平成7年3月、通称「被災マンション法」という法律が施行されています。この被災マンション法は、正式な名称を「被災区分所有建物の再建等に関する特別措置法」というのですが、名前に「再建等に関する」とあるとおり、再建、つま

り取り壊した後で建て替えることを前提としています。つまり、被災マンション法は再建を予定しており、やや緩和された要件において再建等を可能としたものの、単に取壊しをする場合は想定していないのです。

ですから、ただ建物を解体したい、とりあえず取り壊したい、という場合には、やはり先ほど説明した私法の一般ルールに従い、マンションオーナー全員の合意を取り付ける必要があります（後述するように、アメリカなどでは「区分所有関係の解消」という制度が存在し、取壊しがある程度緩和された要件のもとで可能となっていますが、わが国にはそのような制度がないのです）。

せっかく被災したマンション用の特別法をつくったのに、取壊しを予定した条文が設けられていないのでは、やはり条文に不備があるといわざるをえません。東日本大震災の際は、一刻も早く取り壊さねば危険という危険度が高いマンションが多数出現したのですから、緊急事態に対応するには、取壊しについても特別措置法が存在すべきなのです。

このような観点から、平成25年６月19日、①「所有者の５分の４以上の賛成」という要件のもとで取壊しが可能となるよう被災マンション法を改正すること、②「大規模な災害の被災地における借地借家に関する特別措置法」を定め、期間を最長５年として、更新がない「被災地短期借地権」を設けること（仮設住宅、仮店舗という暫定的なニーズに応えるため）、③災害で家屋を失った借家人に優先的な借地権や借家権の取得を認めてい

る「罹災都市借地借家臨時処理法」は廃止することが、それぞれ決定しました。

この法改正により、被災マンションの取壊しが「所有者の5分の4以上の賛成」という要件のもとで可能となります。

6 世界は「建替え」していない!?

　改正された区分所有法もマンション建替え円滑化法も、あるいは被災マンション法も、先に述べたとおりその定める手続は厳格なものです。このように考えてくると、そもそも現行の法制度自体にも問題がありそうです。

　国土交通省の調査によると、マンション建替え事業の実施状況は、平成24年10月1日時点で、マンション建替え円滑化法によるもので実施ずみのものが47件、同法によらないもので実施ずみのものが130件となっています（なお、同調査には、阪神淡路大震災の際による被災マンションの建替え事例109件は、円滑化法による建替えを行った1件を除き、含まれていません。以上、国土交通省ホームページ参照）。わが国にはマンションが約10万棟（約500万戸）存在するといわれますが、建替え実績がわずか百数十しか存在しないという事実を知ると、法の壁の厚さを感じざるをえません。

　現在、実務家および学者の間から、「5分の4以上」という要件を、たとえば「3分の2」といった形で緩和するようにとの声が多数あがっています。どのような法改正が妥当かを考える前提として、少し視点を変えて、諸外国の法制度に目を向けてみましょう。

　わが国では、マンションが老朽化した際、①復旧、②建替

え、③放置の三者択一になる場合が多いのですが、諸外国では、②建替えをそもそも想定せず、むしろ④取壊し（区分所有の解消）という処理を予定する法制度をもつ国も多くみられます。

たとえば、アメリカでは、事由を問わず80パーセントの賛成で区分所有の解消が認められていますし、また、ドイツでは、一定規模を超えた滅失・損傷の場合に解消請求が、フランスでは、一定の滅失要件のもとで解消決議が認められています（諸外国の状況について、米山秀隆「マンションの終末期問題と新たな供給方式」（富士通総研Economic Review 2006.1）を参照した）。

わが国の法制度に似たスキームをもつ国もあるので（韓国、中国、台湾など）、必ずしもわが国の方式がグローバルな視点からレアケースであることにはなりませんが、諸外国の方式には、学ぶべきところが多いように思われます。

たとえば、韓国では、原則として建替え決議を含めて行政法による手続が可能とされ、しかも、現在では、決議要件が4分の3とされているそうです（韓国の状況については、浅見泰司・福井秀夫・山口幹幸編著『マンション建替え　老朽化にどう備えるか』40頁〔福井秀夫執筆部分〕（日本評論社）を参照した）。

諸外国のなかでは、アメリカが、事由を問わない点、区分所有関係の解消について最も積極的な法制度を認めているように思われます。これには、国土の広さ・これに起因する国民性も関係しているように思われます。つまり、アメリカの場合、「建物が古くなったなら、壊して別の場所に住めばいい」とい

う発想が根底にあるのではないでしょうか。

　他方、わが国は、法律上、「同じ場所での建替え」しかできないので、必ず「２度の引越し」が必要になります（建替えをするので別の仮住まいに引っ越し、新マンション完成後、新マンションへの引越しを行うことが必要です）。「別の場所に住めばいい」というわけにはいかないのです。この点、特に高齢者への負担が大きいことが留意されるべきでしょう。わが国のこのような制度設計は非常に問題です。

　いずれにせよ、わが国の法制度を考えるにあたっては、土地と建物が別々に所有権の対象になり、また、所有にかなりこだわりをもった国民性を前提としなければなりませんから、外国のまねをすれば解決する問題ともいえないかもしれません。

　ところで、「５分の４」要件を検討する場合、これを緩和すると少数者がマンションを追い出される結果となり、少数者の利益が害される、と論じる方が必ずいます。しかし、これは２つの次元が異なる問題を一緒に論じるもので、やや的外れなのではと思われます。マンション建替えの要件は、建替えをする趣旨（マンションの資産価値の維持・増大、倒壊による居住者・近隣者の生命身体の保護など）との関係で論じられるべきものです。他方、マンションの居住を失う者をいかに保護すべきかは、立退料の支払、立退料についての補助金の拠出、国による仮住まいの提供といった方法で解決されるべき問題です。これらは、まったく別次元の話ですから、分けて論じられるべきものと思われます。

さて、法改正に向けて、海外の法制度を参考にしながら、多くの学者・実務家によりさまざまな研究活動が活発に行われています。しかし、現在は、「5分の4」の壁が依然として残っており、法改正が実現するのか、実現するとしていつになるか、まったくわかりません。また、無事に要件を緩和する法改正が行われたとしても、その法改正が「3分の2」という要件を定めるものだった場合、どうでしょうか。いまと同じように、3分の2の賛成を得るなんて無理だ、だから、建替えはできない、という話になりませんか。だから、マンションを買うのは慎重に、ということになるのです。

第8章

固定資産税

固定資産税。聞きなれた言葉です。固定資産にかかる税金だろう、ということはだれにでもわかります。固定資産というのは、土地や建物などの不動産だろう。それもわかります。しかし、実際どのような税金なのか、その仕組みまでよく知る人は、実のところそう多くないのではないでしょうか。

　「節税」を掲げるハウツー本は巷に数多くありますが、固定資産税に照準をあわせて解説されたものはほとんど見受けられません。それもそのはず、固定資産税は、私たちにとって、きわめて「受け身」な税金と思われているようなのです。つまり、私たちが何か行動することで、固定資産税の金額が減ったり増えたりすることはない、そういう税金であると理解されているから、関心が向かないということのようです。また、国民全員が負担する消費税などとは異なり、固定資産税は、不動産を所有している人のみが負担する税金ですから、その点からも注目されにくいのかもしれません。

　しかし、税金は税金です。関心があろうとなかろうと、納税義務を負う人は、きっちり支払わなければなりません。無関心のまま、なんだかよくわからないお金を毎年支払い続けるのは、ちょっとだけもったいない気がします。それに、もし固定資産税の金額が高すぎるとしたら……文句をいうための手段も用意されているのです。

　本章ではまず、なんとなくわかった気になっている固定資産税という税金について、いったいどんな税金なのか、わかりやすく説明します。さらに、課税の法的根拠や評価方法にも少し

踏み込んで、固定資産評価の詳しい仕組みを解説します。そのうえで、固定資産税評価額に不満がある場合にどのような手続があるのか、その全体的な枠組みをとらえます。最後に、一歩進んで、現在の固定資産税制の抱える問題を指摘し、制度を今後どのように改善していくべきか、一緒に考えてみることにしましょう。

1 固定資産税っていったい何？

(1) 不動産にまつわる税金たち

a 不動産を売ったり、買ったり、受け継いだり、あげたり、もらったり

　不動産にまつわる税金には、たくさんの種類があります。不動産は価値が高いですから、その所有権が動くときには、税金がかかります。

　また、不動産には登記の制度があります。不動産は持ち歩けませんし、名前を書いておくわけにもいきませんから（表札をつけても、だれかに取りかえられてしまうかもしれませんからね）、法務局で登記しておくことによって、その権利関係をはっきりさせておく必要があるのです。そして、不動産の権利関係が動き、登記を変更するときにも、やっぱり税金がかかります。

【事例①　AさんとBさん】

　具体的に考えてみましょう。

　ある日、Aさんという人が自分のもっている土地を売りに出し、Bさんが買いました。

　このとき、Aさんには土地の売却代金が入りますから、所得税がかかります（土地の売却代金に消費税はかかりませんが、建物も売買していれば、建物の売却代金には消費税がかかります）。

また、土地の売買契約書を作成するときには、AさんとBさんの両方が印紙税を負担することが普通です。それから、土地の所有権登記をAさんからBさんに移転させることになりますが、この移転登記にかかる登録免許税は、Bさんが負担することが一般的です。さらに、Bさんは土地の所有権を取得しますから、不動産取得税を負担しなければなりません。

おおざっぱにみても、不動産を売買するときには、所得税、消費税、印紙税、登録免許税、不動産取得税などがかかってくるわけです。

【事例②　Bさんの一人息子のC君】

Bさんには一人息子のC君がいます。Bさんは年をとり、幸せに天寿を全うしました。BさんがかつてAさんから購入した土地は、C君が相続することになりました。

このとき、C君には土地についての相続税がかかります。また、相続を理由として登記を変更するときには、登録免許税もかかります。

【事例③　Bさんの行きつけの飲み屋さんにいるDさん】

Bさんの行きつけの飲み屋さんには、Dさんという綺麗な女性がいます。BさんはDさんのお店に足しげく通いましたが、Dさんの気をひきたいBさんは、あるとき思い切って、かつてAさんから購入した土地を、Dさんにあげてしまいました。Dさんへの贈与が行われたのです。

土地をタダでもらえたDさんはラッキーかもしれませんが、贈与税を支払わなければなりません。また、土地の所有権がD

さんに移りますから、その移転登記をするためには、登録免許税がかかります。

Bさんは、土地を贈与しただけで、対価、つまり収入を得ていませんから、所得税はかかりません。でも、もしかしたらC君には文句をいわれるかもしれません。

b 不動産をもっているだけでも税金はかかる

【事例④ Bさんにもワケがある】

案の定C君から責められたBさんは、Dさんに土地をあげてしまったワケを説明しました。

不動産を所有しているだけでも、Bさんは税金を払わなければならなかったのだ。その負担を免れるために、Dさんに土地を贈与したのだと。もちろん、土地をもらったDさんは、所有者として、税金を支払わなければならなくなる……。この理由でC君が納得したかどうかは、わかりません。

とにかく、Bさんが土地の所有者として支払わなければならなかったという税金こそ、本章のメインテーマである、固定資産税です（Dさんには、固定資産税のほかに都市計画税もかかってきますが、ここでは横に置いておきましょう）（図表8−1）。

(2) 固定資産税とは何か

ようやく登場した固定資産税ですが、いったいどんな税金なのでしょう。

固定資産税は、毎年1月1日に固定資産を所有している人に対して、固定資産の所在地の市町村（東京23区では都）が課す

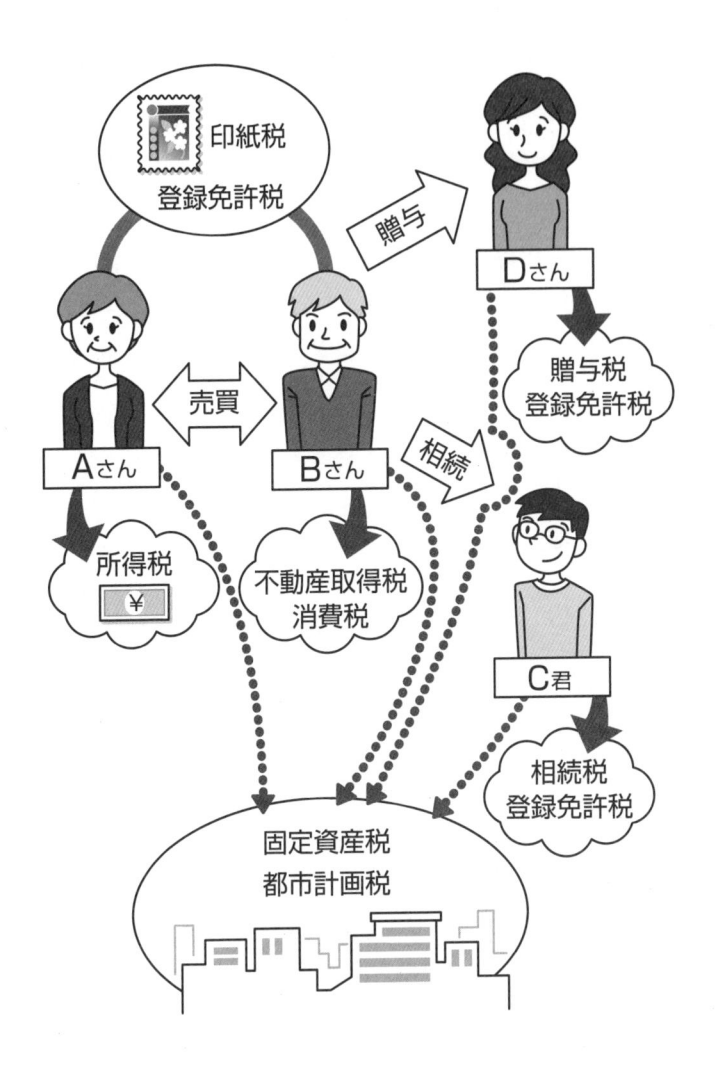

図表8−1　不動産取引と税金

- 印紙税
- 登録免許税

Aさん ⇔ 売買 ⇔ Bさん

Bさん → 贈与 → Dさん
Bさん → 相続 → C君

Aさん: 所得税
Bさん: 不動産取得税、消費税
Dさん: 贈与税、登録免許税
C君: 相続税、登録免許税

固定資産税
都市計画税

税金です。固定資産とは、土地、家屋、それから償却資産のことです。1月1日の時点での所有者に課税されますから、仮に1月2日に取引があって所有者が変わったとしても、固定資産税を負担するのは元の所有者です。また、1月3日に家屋を取り壊し、家屋がなくなってしまったとしても、元の所有者は固定資産税を負担しなければなりません。

ところで、固定資産税を含め、あらゆる税金を課すためには、法律の根拠がなければならないことになっています。これは租税法律主義といって、憲法に定められた、大切なルールです。

では、固定資産税は法律上どのように規定されているのでしょうか。地方税法341条以下に、固定資産税についての定めがあります。地方税法の条文は数が多く、また複雑ですので、引用はこれからの説明で気になった方のために必要最小限の範囲にとどめておきましょう。

> **第341条** 固定資産税について、次の各号に掲げる用語の意義は、それぞれ当該各号に定めるところによる。
> 一 固定資産 土地、家屋及び償却資産を総称する。
> （中略）
> 五 価格 適正な時価をいう。
> 六 基準年度 昭和31年度及び昭和33年度並びに昭和33年度から起算して3年度又は3の倍数の年度を経過したごとの年度をいう。

第349条① 　基準年度に係る賦課期日に所在する土地又は家屋（以下「基準年度の土地又は家屋」という。）に対して課する基準年度の固定資産税の課税標準は、当該土地又は家屋の基準年度に係る賦課期日における価格（以下「基準年度の価格」という。）で土地課税台帳若しくは土地補充課税台帳（以下「土地課税台帳等」という。）又は家屋課税台帳若しくは家屋補充課税台帳（以下「家屋課税台帳等」という。）に登録されたものとする。

第350条① 　固定資産税の標準税率は、100分の1.4とする。

第359条 　固定資産税の賦課期日は、当該年度の初日の属する年の1月1日とする。

第423条① 　固定資産課税台帳に登録された価格に関する不服を審査決定するために、市町村に、固定資産評価審査委員会を設置する。

第432条① 　固定資産税の納税者は、その納付すべき当該年度の固定資産税に係る固定資産について固定資産課税台帳に登録された価格について不服がある場合においては、第411条第2項の規定による公示の日から納税通知書の交付を受けた日後60日まで若しくは第419条第3項の規定による公示の日から同日後60日までの間において、又は第417条第1項の通知を受けた日から60日以内に、文書をもつて、固定資産評価審査委員会に審査の申出をすることができる。ただし、当該固定資産のうち第411条第3項の規定によつて土地課税台帳等又は家屋課税台帳等に登録されたものとみなされる土地又は家屋の価格については、当該土地又は家屋について第349条第2項第1号に掲げる事情があるため同条同項ただし書、

第3項ただし書又は第5項ただし書の規定の適用を受けるべきものであることを申し立てる場合を除いては、審査の申出をすることができない。

第434条① 固定資産税の納税者は、固定資産評価審査委員会の決定に不服があるときは、その取消しの訴えを提起することができる。
② 第432条第1項の規定により固定資産評価審査委員会に審査を申し出ることができる事項について不服がある固定資産税の納税者は、同項及び前項の規定によることによつてのみ争うことができる。

2 固定資産税評価額の算出方法を知る

(1) 法律の規定と解釈——「適正な時価」の意義

　固定資産税の課税標準となる固定資産の価格は、「適正な時価」であると定められています。しかし、地方税法には、それ以上の説明はありません。「適正な時価」とは、どういうものを指すのでしょうか。

a　土地の「適正な時価」

　「適正な時価」をどのように理解するかについては、

A説　正常な条件のもとにおいて成立する取引価格、つまり、客観的な交換価値のことであると解する見解

B説　収益還元価格、つまり、その固定資産がどの程度の収益をあげられる物件であるかという観点から算出される価値であると解する見解

など、学者の間でも、意見が分かれていました。

　しかし、最高裁判所は、平成15年6月26日に、固定資産税の性質を根拠として、A説をとるという判決を出しました。

　最高裁判所は判決で、「土地に対する固定資産税は、土地の資産価値に着目し、その所有という事実に担税力を認めて課する一種の財産税であって、個々の土地の収益性の有無にかかわらず、その所有者に対して課するものであるから、上記の適正

な時価とは、正常な条件の下に成立する当該土地の取引価格、すなわち、客観的な交換価値をいうと解される」といいました。

要するに、固定資産税は一種の財産税であるということと、土地の固定資産評価における「適正な時価」はその土地の「客観的な交換価値」と解釈すべきであるということ、という2つのことを判決で明示したのです。

最高裁判所の判決には、法律と同じくらいの効力がありますから、「適正な時価」とは客観的な交換価値という意味である、ということになったわけです。

ちなみに、最高裁判所は、平成18年7月7日に、別の判決で、「適正な時価を、その年度において土地から得ることのできる収益を基準に資本還元して導き出される当該土地の価格をいうものと解すべき根拠はない。また、一般に、土地の取引価格は、上記の価格以下にとどまるものでなければ正常な条件の下に成立したものとはいえないと認めることもできない」といっていますから、B説をとらない、つまり「適正な時価」は収益還元価格であるとは解釈しないことを、明言しています。

b 建物の「適正な時価」

というわけで、土地の固定資産評価については最高裁判所がきっちり判決を出しましたから、「適正な時価」をどのように理解するかについては、見解の統一がなされました。

しかし、建物の固定資産評価における「適正な時価」については、実は最高裁判所はこれまで何もいっていないのです。最

高裁判所による見解の統一は、少なくとも公式には、なされていないことになります。

ただし、最高裁判所ではありませんが、広島高等裁判所の松江支部は、平成23年1月26日に、「最高裁平成15年6月26日第一小法廷判決の判示部分は建物をも含む固定資産税全般について『適正な時価』の意義を説示したものであって、『土地に対する固定資産税についての判断を示したものであって、建物に対する固定資産税についての判断を示したものではない』とはいえない」という判決を出しています。

これは要するに、「平成15年に最高裁判所が出した判決（前に述べた最高裁判所の判決です）は、土地だけじゃなくて建物についてもまとめて判断したというべきだ」という判断です。最高裁判所の判決ほどではありませんが、高等裁判所の判決にも強い影響力があります。

土地と建物とで固定資産評価の「適正な時価」の解釈をわざわざ変える理由も思い当たりませんし、高等裁判所もそういっているようですから、建物の「適正な時価」についても、土地と同じく、「客観的な交換価値」であると考えておいていいでしょう。

(2) 不動産の価値を評価する手法

さて、それでは、土地や建物の「客観的な交換価値」は、どのように算出するのでしょう。その土地や建物を実際に売りに出してみれば、どれぐらいの値段で売れるかはわかりますが、

そんなことをするわけにはいきません。それに、たまたまいい買い手がついたり、全然買い手がつかなかったりすることもあるでしょうから、売りに出してついた値段が「客観的な交換価値」とはいえない場合もあるでしょう。

日本全国に膨大な数の土地や建物がありますから、算出方法には合理性、効率性、それから公平性も求められます。

不動産の価値を評価するにあたっては、原価法、収益還元法、取引事例比較法という3つの手法が一般的です。それぞれ、どのような手法なのでしょうか。

a 原 価 法

原価法は、その不動産とまったく同じものを再度調達する場合にどのくらいの費用が必要かを基準として、その価格からいくつかの要素に基づく減価修正を行って、現在のその不動産の価値を算出する手法です。

b 収益還元法

収益還元法は、その不動産が将来生み出すことを期待される収益を、現在の価値に引き直して算出する手法です。その不動産が賃貸物件であれば、当然のことながら、賃料などに着目します。

c 取引事例比較法

取引事例比較法は、読んで字のごとく、対象となる不動産に近似した不動産について、過去に実際に行われた多数の取引事例を収集・比較して、適切な事例を選択して、それらの取引でどのくらいの価格がついたかを基準として、個別事情や取引の

図表8-2　固定資産評価手法あれこれ

原価法

収益還元法

いくら？

取引事例比較法

第8章　固定資産税　207

時期、取引が行われた地域要因に基づく価格修正を行って、現在のその不動産の価値を算出する手法です（図表8-2）。

3 固定資産税評価額にモノ申す！

【事例 Bさんの不満】

少し時間を巻き戻しましょう。BさんがAさんから土地を買ってから、Dさんにあげてしまうまでの間、つまり、Bさんがその土地の所有者である時のことを考えてみます。

Aさんから土地を買ったBさんですが、翌年の固定資産税通知書をみてビックリ。思っていたよりずっと高い金額が記載されていました。通知をよくみてみると、どうやら土地の価値がずいぶん高く評価されてしまっているようです。

将来は一人息子のC君に残してあげたい土地、でもそれまでの間、高すぎる固定資産税を払い続けるのには納得がいかない。どうにかして文句をいって、金額を引き下げたいようです。

実は法学部を卒業していたBさん、数十年ぶりに六法を手にとり、おもむろに条文を調べ始めました……なにか方法があるのでしょうか。

(1) 不服申立ての手段

a 固定資産評価審査委員会に対する審査請求

固定資産税の納税者は、固定資産課税台帳に登録された価格について不服がある場合には、法律で定められた期間内に、文

書によって、固定資産評価審査委員会に対して審査の申出をすることができます。

固定資産評価審査委員会は、審査の申出を受けて、実地調査などを実施して納税者の不服を認めるかどうかの決定をします。

b 行政訴訟──取消訴訟

①の審査請求に対する審査委員会の決定を受けて、それでもその決定に不服がある納税者は、法律で定められた期間内に、その決定の取消しを求める訴訟を提起することができます。

これは、行政庁を相手どり、その行政庁のした法律上の処分に対して訴訟を起こすものですから、通常の民事訴訟とは区別して行政訴訟と呼ばれます。行政訴訟にもいくつかの種類がありますが、固定資産評価審査委員会の決定を取り消すことを求める訴訟なので、取消訴訟となります。

なお、固定資産課税台帳に登録された価格について不服がある固定資産税の納税者は、固定資産評価審査委員会に対する審査請求と、審査委員会の決定の取消訴訟によってのみ争うことができると法律に定められています。逆にいうと、この2つの方法以外には、不服を主張することができないことになっています（ただし、次に書いたとおり、他の方法もあります）。

それから、取消訴訟を提起するためには、その前に、固定資産評価審査委員会に対する審査請求をしておかなければならないことになっています。審査請求をしていない人が、いきなり取消訴訟を起こそうとしても認められません。

c 民事訴訟——国家賠償請求訴訟

固定資産評価に不服がある場合、審査請求と取消訴訟のほかに、国家賠償請求訴訟を提起することができます。

審査請求と取消訴訟は、固定資産税評価額自体に対する不服を主張して、固定資産税評価額を変えさせることを目的としているものです。一般的には、固定資産税評価額が高すぎるからもっと下げるべきだ、という主張になると思います。

これに対して、国家賠償請求訴訟は、固定資産税評価額そのものを変えさせることを目的とするのではなく、固定資産税評価額が高すぎるから、固定資産税も高すぎる、だから、払いすぎた固定資産税を返せ、という主張をすることになります。払いすぎた固定資産税は、納税者にとって損害といえますから、そのような損害を与えられたことを理由に、その賠償を請求するわけです。

審査請求と取消訴訟という道筋が用意されているのに、そのほかに国家賠償請求訴訟をすることができるかどうかについては、学者の間でも意見が分かれていました。

この点について、最高裁判所は、平成22年6月3日に、次のような判決を出しました。

「たとい固定資産の価格の決定及びこれに基づく固定資産税等の賦課決定に無効事由が認められない場合であっても、公務員が納税者に対する職務上の法的義務に違背して当該固定資産の価格ないし固定資産税等の税額を過大に決定したときは、これによって損害を被った当該納税者は、地方税法432条1項本

文に基づく審査の申出及び同法434条1項に基づく取消訴訟等の手続を経るまでもなく、国家賠償請求を行い得るものと解すべきである」というものです。

　要するに、審査請求や取消訴訟という方法のほかに、国家賠償請求訴訟を提起する方法も認める、という判断がされたのです。ということで、安心して国家賠償請求訴訟を提起することができるようになりました（図表8－3）。

図表8－3　不服申立て手段

(2) 国家賠償請求訴訟は簡単ではない

　以上のとおり、審査請求と取消訴訟という方法と、国家賠償請求訴訟という方法があることがわかりました。しかし、国家賠償請求訴訟は、実は結構むずかしいと考えられています。

　どういうことかというと、裁判では、一般に、裁判を起こした側がいろいろなことを立証しなければなりません。固定資産税評価額が高すぎることを理由とする国家賠償請求訴訟では、固定資産税評価額が高すぎることを納税者の側で立証しなければならないのです。

　ところが、取消訴訟では、固定資産税評価額が高すぎないことを、課税主体の側が立証すべきであるとされているのです。

　ですから、納税者の立証の負担は、国家賠償請求訴訟のほうが明らかに重いことになります。

　最高裁判所も、「課税処分の取消訴訟においては、原則的に、課税要件を充足する事実を課税主体側で立証する責任があると解すべきである（一方で、）国家賠償請求訴訟においては、違法性を積極的に根拠づける事実については請求者側に立証責任がある」として、同じ判断をしています。

　取消訴訟と国家賠償請求訴訟という2つのルートが認められていることは、納税者にとって便利ではありますが、納税者にとって、国家賠償請求訴訟が容易ではないということになるでしょう。

　固定資産税評価額が高すぎることを納税者が立証する方法と

しては、自費で不動産鑑定を実施することなどが考えられますが、費用も時間もかかってしまいます。しかも、仮に固定資産税評価額が高すぎることが立証できたとしても、それによって得られる損害賠償額は、それほど高くないかもしれません。

4 より適切な固定資産評価に向けて

 固定資産税評価額に対する不服申立ての実効性が必ずしも高くないということに照らせば、不服申立ての方法がいくつか認められているだけでは、十分に適切な固定資産税制であるとは言いがたいということになります。

 制度自体に問題があるとすれば、その抜本的な解決・改善が必要となるでしょう。

(1) 固定資産評価基準の問題点
──建物固定資産評価基準に対する考察

 ここでは、建物の固定資産評価基準が抱える問題について、考えてみたいと思います。

a 問題提起

 前に述べたとおり、建物の「適正な時価」も、客観的な交換価値であるとみるべきと考えられます。

 しかし、以下に述べるとおり、現行の建物固定資産評価基準は、客観的な交換価値を適切に算出しうるものとは言いがたいと考えられます。

 現行の固定資産評価基準が客観的な交換価値を適切に算出しうるものでなかったとしても、問題があれば訴訟のなかで納税者側に客観的な交換価値を立証させればいいんだ、修正の余地

を残しておけば十分だ、という態度は、情報の収集や費用の負担がむずかしい納税者にとって、厳しいものです。開き直らず、はじめから「適正な時価」が正しく算出される制度を整備する必要があるでしょう。

b 現行の建物固定資産評価基準の問題点

原価法、収益還元法、取引事例比較法の3方式を併用する不動産鑑定評価基準とは異なり、現行の建物固定資産評価基準は、原価法のひとつである再建築価格方式のみを採用しています。もちろん、再建築価格を基礎に、経年減価補正率、物価水準・需給事情による補正率等を考慮する方法により、なるべく適切な算出が可能なように工夫されています。しかし、需給事情による補正率はほとんど適用されていないのが実際のところのようです。

また、不動産の価値の正確な算定のためには、本来のところ、固定資産評価を毎年度行うべきでしょう。不動産の価値は時間の経過とともに変化するからです。しかし、実際は3年ごとの評価替えの方式がとられており、固定資産評価の場面では、不動産の価値は3年間は同じ、ということになっています。

最高裁判所は、現行の建物固定資産評価基準を、一般的な合理性あるものと評価しているようです。けれども最高裁は、「再建築費を適切に算定すること」ができるかどうかの判断の文脈、つまり、再建築価格方式のみを用いるという方法を前提として、再建築価格を適切に算定することができるかどうかに

ついて、現行の建物固定資産評価基準に一般的な合理性があるという判断をしたにすぎませんから、他の方式を採用することや、不動産鑑定評価基準のように複数の方式を併用することのほうがベターであるかどうかまでは、判断していないのです。

　もちろん、固定資産評価においては、膨大な量の資産を評価することが求められます。しかも、課税の基礎となる評価ですから、多くの人の多くの資産の間で公平な評価をすることも求められます。そのうえ、納税者の理解を得るためには算定方法がある程度簡単明確である必要もあるでしょう。複雑難解な方法でガラガラポンと出てきた固定資産税評価額では、仮にそれが適切な数字であっても、なかなか納得してもらえないものです。

　固定資産評価は、きわめて大量の事務処理ですから、課税事務の軽減を図るために、3年ごとの評価替えの方式をとることもやむをえないといえるでしょう。

　しかし、土地の固定資産評価の場面では取引事例比較法のうちの売買実例価額方式、つまり、実際の売買契約でどのくらいの価格がつけられたかをみる方式が用いられていることと比較すると、建物固定資産評価で再建築価格方式が用いられていることは、客観的な交換価値の算定という視点からは、やはり妥当とは言いにくいと思われます。

c　建物評価の手法と、その問題点

　それでは、建物固定資産評価では、どのような評価手法を用いるべきでしょうか。

(a) **原価法と、その問題点**

現行の建物固定資産評価においては、原価法のうちの再建築価格方式のみが用いられています。原価法は、価格時点における対象不動産の再調達原価を求め、この再調達原価について減価修正を行って対象不動産の試算価格を求める手法です。そのうち再建築価格方式とは、評価対象建物と同一の建物を、評価時点（賦課時点）において同一の場所に新築した場合に必要とされる建築費を算出して、その建築費（原価）から、建物の経年劣化や需給事情による減価を一定の補正率により修正して、当該建物の価格を導く方式です。

原価法は算出が比較的容易で、しかも、特別な知識をもたない納税者にも理解しやすいというメリットがありますが、その一方で、原価を基礎として算出した価格が、客観的な交換価値と一致、あるいは近接するかどうかにおいて、疑問があります。

(b) **収益還元法と、その問題点**

収益還元法とは、対象不動産が将来生み出すであろうと期待される純収益の現在価値の総和を求めることによって、対象不動産の試算価格を求める手法です。

そのため、収益還元法は、賃貸用不動産または賃貸以外の事業に用いられる不動産の価格を求める場合に特に有効とされます。その一方で、他人に賃貸するのではなく、自分で使用する建物の場合には、賃料の設定がありませんから、収益の算出がむずかしいという側面があります。しかも、賃料は、契約の当

事者間の交渉によって定められるものですから、個々の不動産で大きな差が生じる可能性があります。

　大量の、しかも公平な事務処理が求められる固定資産評価には適していないでしょう。

(c) 取引事例比較法と、その問題点

　取引事例比較法は、まず多数の取引事例を収集して適切な事例の選択を行って、これらに関する取引価格に、必要に応じて事情補正と時点修正を行い、さらに、地域要因の比較と個別的要因の比較を行って求められた価格を比較考量して、これによって対象不動産の試算価格を求める手法です。

　取引事例比較法は、近隣地域、または同一需給圏内の類似した地域等において対象不動産と類似の不動産の取引が行われている場合、それから同一需給圏内の代替競争不動産の取引が行われている場合には有効とされます。

　実際の取引事例に基づく取引価格を参考にしていますから、客観的な交換価値を算出することには最も適していると考えられます。実際、アメリカの多くの州における建物固定資産評価、特に居住用の建物については、取引事例比較法によることが一般のようです。

　わが国においても、取引事例比較法を用いた建物固定資産評価を行うべきであると考えられます。

　しかし、不動産取引事例の収集や選択の事務は困難で、しかもかなり煩雑ですから、大量かつ公平な評価が求められる固定資産評価にはなじみにくい側面があります。

この問題をクリアするためには、次のような新しい手法が考えられます。

(2) より適切な固定資産評価を目指す

a 取引価格をオープンにする、不動産投資インデックス制度の導入

取引事例比較法の最大の弱点は、類似の取引事例を収集し、選択するという課税事務の煩雑さです。納税者から不信感や不公平感をもたれるとすれば、大量の課税事務が不透明なことが原因となるでしょう。特に、現在の日本において、建物の取引価格は必ずしも一般に開示されてはいませんから、ある特定の建物についてだけ試算する不動産鑑定評価であればともかく、課税基準としての固定資産評価基準でこの方法を用いることは、やはり困難とも思われます。

しかし、発想を転換することで、その問題を解消できる可能性があります。

それは、法律を改正し、登記簿上に取引価格をすべて開示する、不動産投資インデックス制度などと呼ばれる制度を導入する方法です。諸外国（アメリカなど）では、不動産の取引履歴を一般に開示する制度をすでに採用しているところがあります。

対象となる不動産の過去の取引情報を入手することが容易になって、しかも、類似の（言い換えると固定資産評価の対象となっている不動産とは別の不動産の）取引事例ではなく、対象となっ

ている不動産そのものの過去の取引情報に基づいて価格を算定することができることになりますから、より精密に、客観的な交換価値を算出することが可能になると思われます。

　もっとも、不動産投資インデックス制度の導入に対しては、不動産流通業界の反対が予想されます。それに、国民感情としても、取引情報が開示され、第三者に自由に閲覧されてしまうことに対する抵抗はあるでしょう。BさんはAさんから××万円で不動産を買ったみたいね、なんてことが、Dさんのお店で話題にならないとも限りません。それから、課税事務の面からも、大量の不動産について開示された取引情報を細かく調査することは容易ではありませんから、時間的コストが大きくなることは予想されます。

b　申告方式の採用

　そこで、さらに大々的な解決方法として、現行の「賦課方式」、つまり、課税庁が一方的に固定資産税評価額を算定して、固定資産税額を決める方法をやめて、所得税のように「申告方式」、つまり、納税者が自分で納税額を申告する方法を採用することを検討してもよいのではないでしょうか。

　不動産投資インデックス制度を導入して、取引情報が開示されることには抵抗があったとしても、自分が不動産を入手した経緯や価格を、課税庁に対してだけ申告するのであれば、抵抗感は薄れるように思われます。Bさんも、Dさんにはバレずにすみます。

　それに、申告方式を採用すれば、ちょうど所得税の申告に民

間の税理士さんが関与しているように、固定資産税の申告には民間の不動産鑑定士さん等が関与することになるでしょうから、課税事務のスリム化や迅速化まで期待できます。課税庁の職員がやっている仕事を、民間が分担するような形になる、ということです。

　確定申告を控えた時期になると「節税」の本が売れ、みなさんいろいろと工夫をするようです。固定資産税が申告方式になれば、自分が所有する不動産を不当に安く評価させようとする、怪しげな行動をとる人が現れるかもしれませんが、そのような問題は、不動産鑑定士さんが使う不動産鑑定評価基準の見直しや、申告すべき項目の細分化・徹底化によって予防するべきでしょう。

　ただし、固定資産税の「節税」は、悪いものとも限りません。現行の固定資産評価基準によって算出される固定資産税が高すぎることが資産デフレの要因になっているとの見方もあります。納税者各自が、「節税」（もちろん合法でなければなりません）のために、高すぎる固定資産税評価額を適正な額に引き下げようと行動して、結果として課税額が最適化されていくようであれば、それは望ましいことでしょう。

第9章

まとめ

第1章
サブリースについて

　サブリース契約という言葉をよく聞くことがあると思いますが、意外にその中身は知られていません。しかし、わが国における賃貸住宅の大半は、サブリースで行われているといっても過言ではありません。

　というのは、土地を所有しているAが、その土地を有効活用して建物を建て、他人に貸すことにより賃料収入を得ようと考えた場合、Aには、賃貸住宅を経営するノウハウが十分にない場合が一般的だと思われます。そこで、Aは、賃貸住宅の経営を専門にする不動産業者B（サブリース業者）に、建った建物の賃貸経営を委託し、Bに賃貸経営をしてもらうことにするのです。その場合、法律的には、AがBに建物を一括して貸し（マスターリース）、建物が20室あったとすれば、BがC1からC20のエンドユーザーに転貸（サブリース）するのです。そして、このようなサブリースの仕組みを銀行に示すことにより（具体的には、A・B間のサブリース契約を銀行に提示することにより）、銀行は、Aに建物を建てる資金を融資するということが多く行われています。

　したがって、賃貸住宅に入っている方の多くは、このようなサブリースのシステムのもとに建物を借りているのです。つまり、見かけの大家さんはBですが、実際の建物所有者（オー

ナー）はA、というケースがわが国ではとても多くみられます。

　そこで、本書では、このような仕組みを十分に理解してもらうために、第1章にサブリース契約の内容を整理してみました。特にサブリース契約の特徴としてあげられるのは、A・B間でBが賃料を保証する点です。つまり、20室ありC1からC20が全員入居すれば満室となるのですが、仮に2部屋が空いていたとしても、BはAに対して、20室全室分の賃料を支払う（保証する）ということが行われています。もちろん、B・C間の転貸（サブリース）賃料は、A・B間の賃料（マスター賃料）よりも高く設定されてはいますが、このようにAが空室リスクを負担しなくてもよいという点もサブリースの利点としてあげられます。

　以上のように、所有者のAが、不動産の経営を専門のBに任せるという意味で、一種の「所有と経営の分離」が不動産において行われているのがサブリースと考えてもよいのではないかと思います。

　そこで、このようなサブリースについての問題点はないのか、実際に問題となったケースも取り上げていますので、今後サブリース方式を利用しようと思っている方は参考にしていただければと思います。

第2章
高齢者住宅について

　ここでは、「サービス付き高齢者向け住宅（サ高住）」と「終身借家権」について、詳細な説明をしています。

　わが国は、世界で最も早く激しい高齢化を迎えています。そのような状況のなかで、高齢者のための住宅は、その方面の先進国であるイギリスやデンマークなどの諸外国に比べて、遥かに見劣りがしています。

　他方、高齢者の方すべてが要介護度が高いわけではなく、要介護度の低い人や、健常者の方も多くおられます。というよりは、要介護度の高い人のほうが、現時点では少数であると思われます。そのような状況のなかにおいて、たとえば、特別養護老人ホームにおいて、要介護度の低い人が入居してしまい、要介護度の高い人が入居を待っているというようなアンバランスも生じてきています。

　このような状況を改善するためにも、高齢者のための「終の住み家」として、サ高住が平成23年に制度として創設され、平成25年2月の時点で10万戸超が登録されています。このようなサ高住には、国から補助金として1戸当り上限100万円が支給されるほか、税制面での大きな支援措置などが組み込まれており、今後ますますその増加が見込まれるところですが、半面、それだけの国からの大きな支援措置がなされるためには、厳し

い登録要件をクリアしなければならないという問題もあります。いずれにせよ、世界の高齢化のトップを走るわが国における高齢者向け住宅の整備ということは、国の政策としてもきわめて重要であるとともに、できれば自宅で最期を迎えたいという方が圧倒的多数を占めるという現状からしても、サ高住の意義は大変大きく、かつ、重いものがあると思います。

そこで、第2章では、このようなサ高住について詳細な説明を加えました。当然、家主・大家として住宅を提供する人にとっても、また、借家人として住宅を利用する人にとってもわかりやすい解説を試みています。さらに、サ高住という事業を行おうとしているオーナーに対して融資をする金融機関の視点に立った場合の問題点についても詳しく解説をしていますので、興味のある方は参考にしていただければと思います。

さらに、本章においては、従来の普通借家権・定期借家権のほかに、死ぬまで住めるが相続しないという借家人本人一代限りの借家権である「終身借家権」の解説も詳しく行っています。

終身借家権は、平成13年から施行されている制度ですが、現在まであまり利用されておらず、したがって世間における認知度も低いものでしたが、この機会に十分に知っていただければと思います。

サ高住を、大家として、または事業者として利用しようとする人にとっても、「終の住み家」として利用しようと考えている人にとっても、この終身借家権という制度を理解すること

は、大変重要なことだと思います。
　一般的には、ほとんど書かれていないサ高住であり終身借家権ですので、ぜひこの機会に十分勉強していただくことを願っています。

第3章
事業承継について

　事業承継とは、特に中小企業において、企業の経営者がその企業をそのまま後継者に承継させることによって会社の事業を継続させることを指しますが、なかなか理解されていない点が多くあります。

　わが国において、いわゆる中小企業は、会社全体の99パーセント以上を占めるといわれており、わが国の産業の柔構造を支え、パワーの源泉ともいえるものと思われます。このような中小企業において、企業の経営者・オーナーが、事業を子供に承継させるという場合には、民法の相続の問題も発生することになります。この点が、大企業における社長の交代という形での後継者問題とは大きく異なるところです。

　ところで、民法の相続の分野においては、「遺留分」という制度があります。遺留分という制度は、わが国においては、各相続人に法定相続分の2分の1が最低限の奪われない権利として保障されており、被相続人が第三者や相続人の一部の者に全財産を遺言で残すこととしても、それ以外の相続人は、法定相続分の2分の1の遺留分を主張できるという形で保護されているものです。

　ところで、この遺留分が中小企業における事業承継においてどのような役割を果たすのかといえば、端的には、中小企業に

おける事業承継を困難にさせる方面に働くことになるといえます。なぜならば、たとえば父親であり社長であるＸが、相続人である子供Ａ・Ｂ・Ｃのうち、副社長である長男のＡに事業を承継させようとして会社の株式や、あるいは工場の敷地である土地の所有権などの財産をＡに単独で相続させる旨の遺言を残したり、あるいは生前に贈与した場合に、他家に嫁にいっている妹であるＢやＣから、遺留分として６分の１ずつを要求されることになってしまうからです。

このような問題を解決する方法の一つとして、経営承継円滑化法という法律が平成20年に制定されました。そこで、この法律の内容を十分理解してもらおうというのが、本章の目的です。

不動産を中心として書かれている本書のなかでは、やや異色の章となりますが、たとえば、経営者が個人で工場を所有している場合に、経営者が特に相続対策をとらずに死亡したとき、工場が後継者以外の相続人に相続された結果、相続人が、後継者である相続人に対して工場を高額な対価で買い取るよう要求してくるケースなどもありえます。中小企業においては、経営者である被相続人Ｘの個人資産である土地や建物が事業に提供されていることが多く（これを、事業用不動産といいます）、その処分の問題が後継者への事業承継の問題と関連して複雑になることが一般的ですので、本書において、事業承継の問題と不動産の問題を整理してあります。

心当たりのある方は、十分検討し、研究していただければと思います。

第4章
借家権について

　「普通借家権」は、正当事由制度と法定更新制度のある借家権です。すなわち、期間が満了しても、正当事由があると認められなければ借家契約は終了せず、自動的に前の条件と同じ条件で契約が継続していくという制度です。

　わが国における建物賃貸借（借家契約）の多くは、普通借家契約で行われており、一方、平成12年から施行された定期借家契約は、いまだごく少数にとどまります。

　そこで、本書を読まれる方の大多数は、普通借家契約を利用していると思いますが、普通借家契約の仕組みは、なかなかむずかしい点がありますので、本書で十分勉強していただければと思います。

　特に、普通借家契約における正当事由と法定更新制度の具体的な意味や、「期間とは何か」というような点について、詳しく解説していますので参考にしてください。

　また、普通借家契約だけではなく定期借家契約でもこの点は同じですが、契約中に一定の制約が定められていることがあります。そのなかで、かなり大きなウェイトを占めているのが、「ペット飼育」の問題です。ペットの飼育を許すとする借家契約もありますが、多くの借家においては、建物を傷めたり、汚したり、あるいは、鳴き声などの騒音や、糞尿による悪臭があ

ることから、ペット飼育は禁止されています。

　このような禁止されているペット飼育を行った場合には、建物の借家契約がどうなるのかという点について詳しく解説をしました。

　なお、ペット飼育だけではなく、ヤクザや暴力団の組事務所に借家を使われてしまったり、風俗営業が行われてしまったり、あるいは、新興宗教の道場として使われてしまうというようなトラブルも多く発生していますので、そのような借家契約の問題についても、基本的な考え方は同様です。

　それらをふまえると、今後、定期借家契約の利用がますます増えていくと思います。定期借家契約をうまく利用することが、大家にも借家人にも大きなメリットを与える可能性があります。ただ、定期借家契約については、契約締結の際の要件等が厳しく定まっているので、そのあたりを本章を読むことにより、よく勉強していただければと思います。特に、普通借家契約には存在しない、事前説明文書の作成・交付などを必要とする事前説明義務について、解説をしてありますので、注意してお読みください。

第5章
借地権について

　建物を所有する目的での土地の賃貸借を借地契約といいますが、借地契約のなかには、大きく分けて普通借地権と定期借地権があります。

　「普通借地権」は、第4章の「普通借家権」と同様に、正当事由制度と法定更新制度のある借地権です。すなわち、期間が満了しても、正当事由があると認められなければ借地契約は終了せず、自動的に前の条件と同じ条件で契約が継続していくという制度です。

　そこで、普通借地権の仕組みについて十分理解してもらうというのが、本章のねらいです。特に、借地借家法は、平成4年に改正・施行され、すでに改正後20年以上が経過しましたが、特に存続期間の長い借地権の分野においては、旧借地法時代の借地がいまだに数多く存在しています。そのような旧借地法上の借地権には、期間や更新の点について、どのように法律が適用されるのかなど、複雑かつむずかしい問題がありますので、その点も詳しく解説してあります。

　また、立退料の発生のメカニズムなども十分に説明をしているつもりです。

　さらに、普通借地権と異なり、期間の満了により終了してしまい、再契約をしない限りは自動的に契約が継続することはな

い「定期借地権」という制度があります。これは、平成4年の借地借家法の改正に伴い創設された制度ですが、一般定期借地権、事業用定期借地権、建物譲渡特約付借地権という種類があり、それぞれ要件・効果が違っていますので、この点も十分に学ぶ必要があると思われます（吉田修平法律事務所の代表の吉田弁護士は、平成6年から平成11年頃まで、旧建設省の定期借地権の普及と促進のための研究会に委員として参加していました）。

なお、最近では、地主のもっている古くなった建物を、第三者に定期借地権で賃貸し、地代を一括して前払いでもらうこととし、その前払地代と借地人が新しく建てた建物の一部とを等価で交換するという方式が提唱されています（これを、「定期借地権の等価交換方式」といいます）。この方法により、古い建物をもっていて土地を有効活用できなかった地主は、無償で建物を建て替えたうえ、一定期間の経過後には土地の所有権が完全に回復するというメリットを得られることになるので、土地の有効活用の新しい手法として注目を浴びています。

このような新しい方式についても、理解していただければと思います。

第6章
賃貸借建物と震災について

　東日本大震災は、まだ記憶に新しいところですが、そのような大震災に襲われた際の、いわゆる非常時における建物賃貸借（その多くは普通借家権です）はどのような影響を受けるのかについて、詳しく解説をしています。

　たとえば、大家からすれば、建物にヒビ割れが入ってしまったり、あるいは、予想外に多くの避難者が入居してしまったりした建物について契約を終了させることができるのかという問題や、借家人からすれば、震災があったことを理由として契約を期間途中で終了させ出ていくことにより、その後の賃料の支払を免れることができるのか、あるいは、建物の一部が損壊し利用できなくなった場合、それにあわせて賃料の減額を請求することができるのかという問題や、大家に対して耐震補強などを要求することができるのかというような問題について解説をしています。

　さらに、その他の問題として、震災を理由として建物を修理するという名目での詐欺についての対処方法や、土地の液状化がもたらす影響の問題についても解説をしていますし、今後の国の施策としてどのようなことが考えられるかについても言及していますので、参考にしていただければと思います。

第7章
マンション（区分所有建物）について

　マンションについては、平成14年に区分所有法が改正され、以前よりは、若干、建替えをすることが容易になりましたが、いまだに、建替えを行うことはきわめて困難であるのが現状です。

　マンションが世の中に出てからすでに何十年も経過しており、少なくともオーナーの5分の4の多数者の同意がない限り建替えができないという制度のもとでは、資産価値が大きく劣化し、大地震が来たときに建物の倒壊にあうおそれのある、いわば「マンション難民」ともいうべき人々が、今後、ますます多く発生することになると思われます。

　マンション法（区分所有法）は、マンションの住民の人たちがそこで一種のコミュニティを形成し、マンションの住民たちの自治によりマンションの管理や建替えなどをしていく仕組みとしてつくられていますが、そのような仕組みによるマンションの運営は、すでに限界に達しているのではないかというのが、本章の問題意識になります。このままでは、多くのマンションが劣化していくことを、手をこまねいてみているしかないのではないかというおそれすら生じてきていると思われます。現に諸外国のなかでも、特にフランスなどにおいてはマンションが劣化し、管理などもまったく行われず手がつけられなくな

っている地域なども発生しているといわれています。

そのようななかで、マンションの建替えなどについて新しい仕組みを模索する時期が来ているのではないでしょうか。

多くの人がマンションを購入し、あるいは、これから購入しようと考えていると思いますが、マンションでは、初期の購入額（これを、イニシアルコストといいます）よりも、その後にかかる費用（これを、ランニングコストといいます。修繕費用などの維持・管理費用です）のほうが多くかかるといわれています。さらに、建替えも容易にできず、資産の劣化が激しくなれば、マンションの価値もどんどん下落していくわけですから、それを売却して区分所有関係から離脱していくことも容易ではないという、経済合理性を欠く事態になっていくものと思われます。

何よりも、東京では首都圏直下型地震の発生なども危惧されている昨今、建物の劣化による大災害の危険性も考えなければならない時期に来ていると思われます。

韓国においては、行政法によりマンションの建替えが容易に行われていますし、アメリカでは、区分所有関係の解消の決議も認められていますが、わが国では、マンションは同じ場所において建替えをすることができるだけであり、かつ、5分の4の多数の同意が必要という硬直した法律となっています。

同じ場所で建て替えるということは、そこに住んでいる人は、建て替えるまでに、いったん、仮住まいに引っ越し、建替えがすんだ後、また仮住まいから引越しをしなければならず、

結局、2度の引越しが不可欠となります。これは、住人が高齢化している場合には、大変な負担になることが容易に予想されますが、その点についての手当も現状ではまったくなされていないといっても過言ではありません。

　このような問題を、多くの方が気づいていない可能性があると思われるので、この点についての問題点を整理したのが本章となります。

第8章
固定資産税について

　不動産に関する税金はかなり高く、かつ、多くの種類があり、その制度は複雑で入り組んでいます。

　たとえば、マンションを売買すれば買った人は不動産取得税を負担し、建物については消費税が発生しますし、代金をもらった売主の人には所得税がかかります。相続の場合には相続税などがかかり、不動産の登記を移すために登録免許税や印紙税もかかります。

　また、売買等を行わなくとも、単に不動産を保有しているだけでも、固定資産税や都市計画税がかかることになります。

　これらの複雑な税体系を、少しでも理解していただこうというのが本章の目的の一つです。

　さらに、特に固定資産税についての考え方を整理しようというのが、本章のもう一つの目的です。固定資産税は、土地と建物にかかりますが、土地については、平成15年の最高裁の判例（※「茅沼判決」といいますが、吉田弁護士が、この事件の第1審・第2審の訴訟代理人を務めました）により、適正な時価を算出したうえで、それに対して賦課されるとされていますが、建物については明確な最高裁判例はなく、課税標準というものにおいては、建物の再調達原価（すなわち、あらためて建物を建てるとしたときのコストがいくらかかるのかという視点から計算されるも

の）により課税するとされています。

 ところで、不動産に関する固定資産税は大変高いということが多くいわれていますし、特に建物に対する固定資産税が高い場合には資産デフレを招くのではないかともいわれています。そこで、固定資産税が高すぎると考えたときに、不服申立ての方法としてはどのような方法があるのかを整理しておきました。

 また、適正な時価とは何かについても解説をし、さらに、建物の固定資産の評価については、原価法がよいのか、収益還元法がよいのか、あるいは、取引事例比較法がよいのか、という問題点について考察を加え、今後のあるべき建物の固定資産税についての考え方の提言をしています。

 普段、あまり税金のことは考える機会がないと思いますが、金額が大きいだけではなく、税金はいろいろな意味で重要なものですので、この機会に勉強していただければと考えています。

 なお、平成25年7月12日に、最高裁判所で、固定資産税に関する新判断が示されました（最判平成24年（行ヒ）第79号）。

 この件についても吉田修平法律事務所が代理人を務めていますが、登録価格が、固定資産評価基準によって決定される価格を上回る場合には、不動産の適正な時価を上回っているか否かにかかわらず、当該登録価格の決定は違法となるものとされました。

9 その他の問題について

　本書では触れることができませんでしたが、不動産をめぐる法律の問題については、さらにいくつか重要な問題があります。

　たとえば、不動産を担保に入れて銀行からお金を借りることは多くみられていますが、借りたお金を返せない場合には担保権が実行されます。俗にいえば、競売にかけられるということです。このような競売にかけられる不動産について、どのようなことに注意したらよいのか、競売とはどのような制度であり、どのようにして行うことができるのか、どのような人が競売に参加することができるのか、市場価格よりも安く競落することができるのか、等々、問題はさまざまであり、多くの分野と関連して問題が発生していきます。

　それらについても、今後、勉強していただければと思いますし、機会があれば執筆をしていきたいと考えています。

　また、売買を行ったときには、不動産においては、必ず登記を移転します。登記は、対抗要件として第三者に自らの所有権を主張（これを、「対抗」といいます）するために必要なものだからです。

　そこで、たとえば、所有者のAがBに不動産を売り、Bは不動産に関連する業者であり、自ら使用するのではなく第三者で

ありエンドユーザーであるCに最終的に取得してもらいたいと考えており、うまくBからCに転売ができた、というケースを考えてみましょう。

このようなときに、理論上は、AからBに売買により所有権を移転し、BからCにさらに売買により所有権を移転し、したがって、登記もAからB、BからCに、2度移転することになるのがオーソドックスな方法です。

ところが、第8章で指摘したように、不動産の売買に伴い、登録免許税がかかります（さらに、厳密にいえば、登記の事務を委託する司法書士さんへの手数料がかかります）。そこで、従来、わが国では、このようなケースのときに、不動産の登記をAからB、BからCに移転するのではなく、直接AからCへ移転することをA・B・Cの3者で合意し、そのような登記を行うことによって処理してきました。これを、「中間省略登記」といいます。

しかし、平成17年の不動産登記法の改正により、この中間省略登記の方法ができなくなってしまいました。

そこで、本書を執筆した吉田弁護士が、当時の規制改革会議の委員とともに法務省・国土交通省などと協議をし、「中間省略登記の代替手段」という方法を考案し、認めてもらい、現在、「直接移転売買方式」または「吉田方式」などと呼ばれて行われています。

これは、A・B間の契約に「第三者のためにする契約」の特約を設けることにより、A・B間の売買において登記はAから

Bへ移転するのではなく、Bの指定した者にAから直接移転するという方式をとり、かつ、B・C間の売買契約を行い、BはAに対して所有権と登記を直接Cに移転してほしいと指示することにより、所有権と登記を直接AからCに移転するという方法です。

これにより、不動産の売買における登記移転などの費用（コスト）が大きく軽減されることとなりました。

このような問題があるということも覚えていただき、機会があれば利用していただければと願っております。

最後になりますが、経済のグローバル化に伴い、不動産というその土地にあって動かない本質的にローカルな商品が、現在は国際的な商品になっているものと思われます。つまり、外国から投資家がわが国の不動産を直接購入してくる時代になっているという意味です。不動産は、すでに国際商品になっているのです。

であるとすれば、不動産を取り巻く規制（ルール）も、グローバル化に相応しい制度にならなければなりません。すなわち、国際的に通じる、わかりやすい制度になることが望ましいという趣旨です。

そのような意味で、ますます、不動産に関する複雑な規制は改革し、わかりやすい国際的なルールの構築に努めていくことが、われわれ法律家の使命だと思っています。

本書が、そのような方向に一歩でも近づくための一里塚になれば、幸いです。

KINZAIバリュー叢書
最近の不動産の話

平成25年9月17日　第1刷発行
平成26年7月2日　第2刷発行

著　者　吉田修平法律事務所
発行者　小　田　　　徹
印刷所　大日本印刷株式会社

〒160-8520　東京都新宿区南元町19
発　行　所　一般社団法人 金融財政事情研究会
　　編集部　TEL 03(3355)2251　FAX 03(3357)7416
販　　売　株式会社きんざい
　　販売受付　TEL 03(3358)2891　FAX 03(3358)0037
　　　　　　URL http://www.kinzai.jp/

・本書の内容の一部あるいは全部を無断で複写・複製・転訳載すること、および磁気または光記録媒体、コンピュータネットワーク上等へ入力することは、法律で認められた場合を除き、著作者および出版社の権利の侵害となります。
・落丁・乱丁本はお取替えいたします。定価はカバーに表示してあります。

ISBN978-4-322-12355-5

KINZAI バリュー叢書 好評発売中

最新私的整理事情
●田口和幸・加藤寛史・松本卓也・ロングブラックパートナーズ［著］
四六判・244頁・定価1,890円（税込⑤）

私的整理の要点を整理しつつ、活用の具体的なイメージを最近の再生等の事例・説例に基づいて明らかにした一冊。

社内調査入門
──"守りの法令遵守"から"戦略的不祥事抑止"へ
●中村　勉［著］・四六判・228頁・定価1,680円（税込⑤）

元特捜検事が実践的な社内調査ノウハウを一挙掲載。社内調査の流れをわかりやすく解説。

再エネ法入門
──環境にやさしい再生可能エネルギービジネス入門
●坂井　豊・渡邉雅之［著］・四六判・320頁・定価1,890円（税込⑤）

再エネ特措法の解説とあわせて、太陽光発電の事業に必要な許認可等やファイナンス手法を詳説。また、実際の案件に利用できる種々の契約書式も掲載。

債権回収の初動
●島田法律事務所［編］・四六判・248頁・定価1,470円（税込⑤）

不良債権の増加が迫りくるなかで、不良債権処理の全体像を念頭に置いた債権回収の初動時の適切な対応を余すところなく伝授。出口戦略に備えるための必読書。

コーポレートガバナンス入門
●栗原　脩［著］・四六判・236頁・定価1,680円（税込⑤）

会社法制の見直しにおける重要なテーマの1つとなっているコーポレートガバナンスについて、国際比較の視点から歴史的な経過や問題意識の変遷をふまえ多角的に解説。

原子力損害賠償の法律問題
●卯辰　昇［著］・四六判・224頁・定価1,890円（税込⑤）

「原子力発電に内在するリスク」「損害賠償制度」「原子力関連訴訟」「核廃棄物処分に関する法政策」から「福島の原発事故による損害賠償」まで主要な法的論点を網羅。

クラウドと法
●近藤　浩・松本　慶［著］・四六判・256頁・定価1,890円（税込⑤）

「情報セキュリティ」「クラウドのカントリーリスク」などクラウドコンピューティングにまつわる最新の話題を満載。その導入の最新動向や普及に向けた政府の動きについても言及。